U0134065

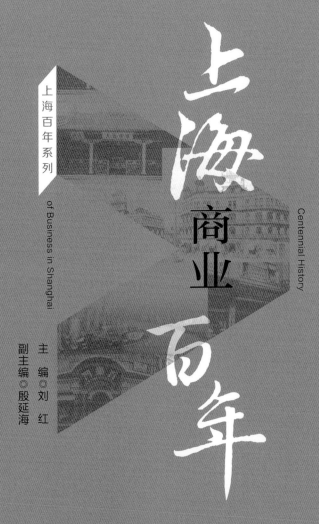

上海百年系列

of Business in Shanghai

Centennial History

上海商业百年

主编◎刘 红

副主编◎殷延海

复旦大学
出版社

序

　　上海，一座因海而生的城市，一座因商而市的城市，一座因贸而盛的城市。跨越百年的历史长河，曾经的小渔村成为了世界的明珠。历史的上海，诞生了中国第一座现代商场、第一家现代银行、第一所教会大学、第一份报纸杂志、第一个商业街、第一个电话亭、第一只股票……今天的上海，拥有了全球排名首位的集装箱港口、世界首条商运磁悬浮列车、世界首条量子保密通信干线、中国首款大型客机C919、首届中国国际进口博览会……

　　从"西风东渐"到国际购物天堂，从"十里洋场"到国际消费中心城市，从"东南都会"到全球国际贸易中心，从水乡古镇到老城厢，再到外滩、南京路，百余年来上海不断演绎着道不尽的商业神话。奢华、摩登、古典、优雅，是世界眼中的上海印象；创新、公平、服务、高效，正成为上海城市的世界投影。

　　上海零售业的发展是上海商业发展的一个缩影。以南京路上先施、永安、新新、大新"四大百货公司"为代表的传统百货业的繁荣是上海零售的1.0时代。20世纪90年代，随着"超级市场"新业态进入中国，百货、超市、便利店、专卖店等多种业态并存，家乐福、沃尔玛、大润发、联华超市、百联集团等企业同业竞争，这是上海零售的2.0时代。跨入21世纪，随着信息技术的发展，大数据、云计算、人工智能、虚拟现实等信息新技术在商业领域得到广泛应用，尤其是电子商务与移动智能支付的出现,上海零售业进入了新零售的3.0时代。

其实早在清乾隆、嘉庆年间,上海就被称为"江海之通津,东南之都会"。德国传教士郭士立1833年在书中描绘了当年上海的繁华景象:"……,这个地方拥有极大的对外贸易的优势,更难得的是,它还没有被人发现。"这是作为商业与贸易中心的上海第一次进入国际视野。1843年开埠以后,上海迅速崛起,成为远东的国际贸易中心和世界闻名的国际大都市。改革开放以来,尤其现今面临"十四五"发展规划和构建"双循环"新发展格局,上海正着力构筑全球贸易枢纽,打造亚太投资门户,建设国际消费中心城市,建成国际会展之都,建设亚太供应链管理中心,形成贸易投资制度创新高地。

百年穿越,开放意识、契约精神、创新品格和工匠精神,上海商业和贸易的发展一直伴随并促进着上海城市的成长。上海也是中国共产党的诞生地,从这里发源,中国共产党带领中国人民建设新中国,走向全世界,逐步实现中国人民站起来、富起来、强起来的梦想。今年恰逢建党百年,对上海商业的百年历史进行梳理,提炼上海商业特色,弘扬上海城市精神,对纪念建党百年具有极高的现实价值,我们编著和出版上海百年系列丛书的意义即在于此。

上海百年系列丛书分为三册,分别为《上海商业百年》《上海贸易百年》《上海零售百年》。三册独自成书,各具特色;又整合一体,相得益彰。

《上海商业百年》由刘红主编、殷延海副主编,分为四章,作者编写分工如下:第一章抢滩登陆(刘欣),第二章筑梦繁华(狄蓉),第三章负重前行(成争荣),第四章再铸辉煌(符栋良、殷延海、刘红)。

《上海贸易百年》由王胜桥主编,刘红副主编,分为四章,作者编写分工如下:第一章向海而生(刘欣、江江),第二章东西汇流(狄蓉、袁君霞),第三章砥砺前行(成争荣、邵伟),第四章勇立潮头(赵黎黎、亢秀秋、符栋良)。

《上海零售百年》由焦玥主编,冯睿副主编,分为五章,作者编写分工如下:第一章开埠之光(刘欣),第二章十里洋场(狄蓉),第三章破旧立新(冯睿),第四章蓄力腾飞(亢秀秋),第五章日新月异(符栋良、焦玥)。

　　上海百年系列丛书由上海商学院教授、副教授、博士组成的专家团队，基于多年的上海商业研究与实践编著完成，同时参阅了大量前期出版的教材、论著、音像及研究资料。丛书的出版，得到了上海高校工商管理高原学科和一流本科专业建设项目的立项资助，并得到了海派商业文化研究院的大力支持，在此一并感谢。丛书从酝酿到启动到成稿，历时两年有余，每本著作均几易其稿。由于时间及能力所限，书中难免会出现一些纰漏，且有些文章或资料因时间久远无法溯源乃至原作者信息无法查询，故未能一一注出，敬请谅解并指正。

王胜桥　教授

上海商学院工商管理学院院长

2021 年 9 月 15 日

目录

第四章 再铸辉煌（1991—2021年）

第一章

抢滩登陆

（1843—1910年） >>>

引　子

　　自宋元以来，上海的商业就具备良好的发展土壤和开放的文化心态。1843年上海开埠后，逐渐成为中外多种商业形态抢滩登陆、兴旺发展的沃土。大量洋货、洋品牌涌入上海，同时各种民族品牌也蓬勃兴起。一时风云际会，上海迎来了各方人士：有外国的冒险家、有国内各地的梦想家以及各省籍商帮；官商、外商、买办商人和民营商人交融竞争、抢滩上海，汇聚形成独特的沪商文化，促进了上海商业迅猛发展和商业规则的形成。至20世纪初，上海商业百态兴起，已崭露"远东第一大城市"的发展端倪。可以说，上海为每一个有商业梦想的人提供了施展商业天赋和才能的大舞台。

一、上海商业的起源

（一）寻根上海与下海

1955年，毛主席到上海视察，在黄浦江上游览，突然向陪同人员提出一个问题："你们知道上海还有个下海吗？"在场的上海人无言以对，谁也回答不出来。毛主席说："应该有。"毛主席的话，如同在黄浦江中投下一块大石头，于是上海市开始寻找这个不为人知的下海，随后，在上海虹口区昆明路73号，发现了一座叫下海庙的小庙。

下海庙始建于清朝乾隆年间，俗称夏海庙、义王庙。从前，这一带多是渔村，渔民出海打鱼，需要祈求神的保佑，便建了这座小庙，奉祀护海女神妈祖。下海庙始建时仅有房屋9间，清朝嘉庆年间荒塌重修。清朝咸丰四年（1854年）又购地8亩多，逐步扩建。1899年又增建后殿等10余间，抗日战争初期，下海庙被日军炮火焚毁，自1941年起重新修建。

在下海庙的周围，历史上曾有过传统的庙会习俗，而且庙会规模较大，每当海神时节到来，下海庙内便香火兴旺，八方香客蜂拥而来。庙外附近，商贾云集，各种香烛供品和吃用杂货等应有尽有。一直到1966年"文革"开始后，下海庙的佛事等活动才开始冷落下来。自1989年以来，在上海市和虹口区两级政府的关怀下，下海庙得到了大规模的修整，面貌焕然一新，下海庙附近的文化、商贸和宗教等连成一体，建成了商品贸易中心。

图1-1　下海庙

下海庙经过长达250余年的风吹雨打,几经劫难,但最终还是和上海城市文化一起被留存下来了。庙小故事多,通过这座下海小庙,人们破解了上海、下海的由来。在吴淞江两岸,大约每隔五里开通一条进入吴淞江的水道,这种支流水道称为浦,吴淞江两岸共有18个浦。江南河流命名有个习惯,接近源头的支流称为里或上,靠近下游的称为外或下,当时吴淞江北岸有一条浦,叫下海浦,于清朝同治年间被填没,只在提篮桥附近留有下海庙,与下海浦相对着的南岸有条浦,被称作上海浦,上海之名就起源于此。南宋咸亨三年(1267年),在上海浦的西侧正式设立上海镇,以后由镇改县,又由县发展为市,一直沿用"上海"这个名称。

(二)上海商业的萌芽

1.民以食为天

上海饮食业的历史比较悠久,早在南宋咸淳年间,上海已有本地人开设的饭店。1291年建立县级政权后,上海在经济上逐步发展成贸易港口和漕粮运输中心,人口增加到20多万人。明代,苏州河以北和徐家汇等集市地区已开设有酒菜馆。1608年,意大利传教士将西方食品带入上海。1840年,上海酱园开始不断发展。

乾隆年间,浙江绍兴人王某在上海东门外的咸瓜街开了一家宝裕酒店,销售方式有堂吃和批发兼零售。咸瓜街是上海的冰鲜(即鱼市)交易和零售市场,市面喧嚣,但是往来者多贩夫走卒,档次较低,营业额大而实际利润薄,宝裕酒店一直计划迁入租界的洋场里。后来宝裕兄弟分家,将宝裕的产业一分为二,并以拆招牌的方式析产,即兄弟俩各

图1-2　明清时期上海饮食行业

取"宝裕"招牌中的一个字，分别取店名为"王宝和"与"王裕和"。由于一家酒店无法同时使用两块牌子，双方都放弃咸瓜街的老店，到其他地方开设新店。

1744年，绍兴人王仁山创建的王宝和绍酒栈（今上海王宝和酒店）开业，店址在小东门咸瓜街，是上海最早的酒家之一。"王宝和"命名的文化意义可用三句藏尾诗进行最好的诠释："通达为王，风物为宝，圆满为和"。王宝和酒家以专营绍兴陈年黄酒和清水河蟹而闻名于世，供应的花雕、太雕、陈加饭、金波等优质黄酒香气浓郁、酒味醇厚，王宝和的老酒坚持手工酿制，以其独特的酿制工艺享誉天下，蟹筵以特、新、优取胜，烹制的蟹风味独特，其中的芙蓉蟹粉、翡翠虾蟹、流黄蟹斗、阳澄蟹卷尤为著名，享有"蟹大王，酒祖宗"之称。

图1-3　王宝和商标

2.衣被天下的松江府

明代时期，松江府的手工业发达程度就居全国领先地位。此时的松江已拥有七八十个布名的松江布，有扣布、标布、稀布、高丽布。细说起来，又有三棱布、斜纹布、紫花布、飞花布、柳条布、格子布、尤墩布等。布名也会"生育"后代，如扣布、稀布等加工后，又有括绒布、踏光布、药斑布等名目。松江布的用途广泛，有做军用帐篷的，有做长衫马褂的，有做贴身内衣的，有做窗帘被面的，有做头帕围裙的，有做布鞋布袜的，林林总总，以满足社会各方面不同层次、不同品质的消费需求。当地农村旧俗，女方陪嫁，必备松江布为压箱布。因为松江布的花色多，名称亦多，连土生土长的松江人也难以记全。名目繁多的松江布进京后，明武宗朱厚照御笔一挥，做了"减法"，御赐的布名化繁为简，即"龙布"。

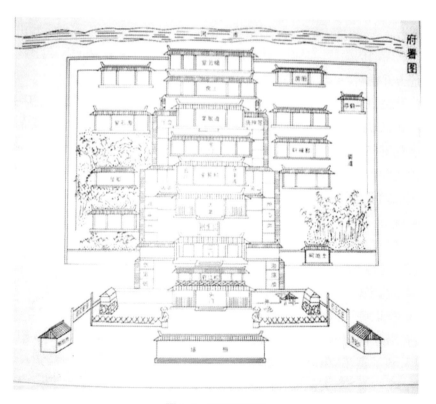

图1-4　松江府署图

松江在当时中国所形成的五大手工业区域中排序第一,即松江的棉纺织业、苏杭二州的丝织业、芜湖的浆染业、铅山的造纸业和景德镇的制瓷业。明清两代,除今宝山、嘉定、崇明以外的上海地区,即吴淞江以南皆属松江府域,几乎家家纺纱,户户织布,集全府之力,奠定了松江作为全国棉纺织业中心的历史地位。明代宋应星所著《天工开物》记载:"凡棉布寸土皆有,而织造尚松江,浆染尚芜湖";同时也与《嘉善县志》所载古谚"买不尽松江布,收不尽魏塘纱"形成历史呼应,也因此有了明代小说《金瓶梅》中描写贩卖松江棉布的情景,有了翦伯赞的《中国史纲要》记载明代工商业的发展情形。

历史上的松江不仅是新石器时代晚期外来先民生活在上海这方土地上的定居之根,而且在棉纺织业方面先声夺人,是上海工商文明的起源之根。生活在19世纪的法国著名作家雨果先生,曾感受到来自东方"龙布"的温暖。那时身世坎坷的他正在漂泊,柔软的松江布抚慰着雨果那颗伤痛悲凉的心,他在长篇小说《悲惨世界》中描写了中国紫花布在法国民间流行的情景。伦敦博物馆曾经展出19世纪英国绅士时装,其中就有用松江紫花布缝制的裤子,美国学者摩尔斯在其著述中也自嘲道:"中国土布给了我们祖先以衣料"。

 熊月之 (上海社会科学院研究员、上海市历史学会会长):上海在开埠之前就不是一个荒凉的渔村,已经是一个很大的城市,按照现在学术界研究的成果,1843年以前的上海,就排在中国城市第12位。

(三)上海开埠通商

鸦片战争以前,中国对外贸易只限于广州一个通商口岸,而广州又对外国通商活动作了种种限制,远远不能满足资本主义列强的需求。1793年,英国马嘎尔尼使团来华面见乾隆皇帝,所提要求之一,就是在中国增开通商口岸。嘉庆、道光年间,东印度公司又不止一次地派人到中国沿海地区打探情况,也不止一次地向中国提出增辟通商口岸的要求,但均未果。鸦片战争以后,列强以武力强迫中国接受了开辟通商口

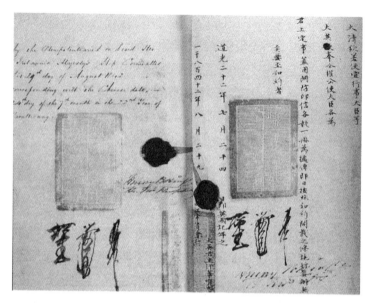

图1-5　中英文对照的《南京条约》的接缝处

图1-6　《南京条约》的签订

岸的要求。《南京条约》规定将广州、厦门、福州、宁波与上海开辟为通商口岸，即五口通商。

1843年开埠以后，上海逐渐成为中外百货的集散市场。海上丝路运输的货物主要为松江布。但洋人哪里听得懂五花八门的松江布名，在他们的推介中，松江布是中国"龙布"、中国紫花布、中国棉布；又因南京为货物集散地，多以"南京布"相称，事实上，松江"绫、布二物，衣被天下，虽苏杭不及也"。清咸丰十年（1860年），全国远距离销售布匹

4 500万匹，其中3 000万匹产自松江府，占全国2/3，换算成现在的长度，即3 000万匹布长约10亿米。

上海开埠通商也意味着大量的洋货、洋品牌冲击着上海，外国人接踵而来，逐渐出现了外国人开设的西餐厅、咖啡馆、面包房等。1855年，英商爱德华·霍尔首先在租界开办了上海第一家面包工场。1858年，英国人亨利·埃凡开设了埃凡馒头店，制造面包，并陆续增加了糖果、汽水等。之后，英商建立了两个小型汽

图1-7 正广和汽水

水制造厂——末士法汽水公司与卑利远也荷兰水公司。1864年，英商乔治·史密斯在上海四马路（今福州路）创办广和洋行，制酒及各种饮料，后来，英商考尔伯克和麦克利格作为合伙人加盟，并在原广和洋行名称前再加上一个"正"字，秉承"正本清源求质量，广泛流通拓市场，和颜悦色树形象"的理念，广受青睐。

西方礼仪文化在上海滩的社交圈内逐渐成为名门贵族的必修课。民国时期，越来越多的上海人了解到西方人吃西点、喝咖啡就像中国人上茶楼下棋、看戏一样，是一种生活习惯。因此，上海也出现了享受洋派生活的"老克勒"与"小开"。"老克勒"系洋泾浜英语，取意class，就是指那些有腔调的老绅士，他们懂得享受生活，经常出没于酒吧和舞厅，举手投足透着儒雅和风流倜傥。

然而，就在同时期，各种提倡国货的组织也以上海为中心蓬勃兴起，一批上海食品老字号浴火而生。1842年，在上海老城厢董家渡路天主堂街口有一家陈大房茶食店，手艺精湛，制作精良，广受青睐。1852年，邵万兴南货店开业，后改名邵万生南货店，是上海第一家自产自销糟醉食品的商店，是上海食品行业中知名度较高的中华老字号。最初店名为"邵万兴"，因看中南京路的兴旺，1870年迁至南京路山西路口现址，并更店名为"邵万生南货店"。邵万生南货店的经营特色是精制

图1-8　邵万生南货店

四时醉糟。鸡鸭鱼肉蛋,无所不"糟",四季不断,故有"春上银蚶,夏食糟鱼,秋持醉蟹,冬品糟鸡"之誉。

老城隍庙市场起始于明清特色的商市,明永乐年间,上海城隍庙由金山神庙改建而成,到清咸丰、同治年间,城隍庙香火鼎盛,节会性的庙会逐步向固定市场演变,商贾沿荒芜园径开设店铺,形成商街10余条,茶馆、饭店也因需而生。城隍庙市场画铺书坊、旧书摊、笔墨店等文化商品集中,场内珠宝、玉器、古玩店铺众多,传统的庙市演变为小商品市场集散地,其木梳曾外销南洋。城隍庙市场茶馆、饭店、点心摊铺密集,场内有朱品斋等生产梨膏糖,边做、边唱、边卖,还夹杂些插科打诨,吸引顾客,场内最早的茶馆——湖心亭,开设于清咸丰五年(1855年)。发展至今,城隍庙成为上海最具地方特色的商业旅游购物中心。

就开埠与近代上海城市关系而言,清末李平书在其《上海三论之一》中写道:"自通商以来,五洲万国莫不知地球上有此繁盛之区,而上海之名,洋溢乎泰西远东,更无论中国二十二行省矣。然当未通商以前,自元迄于本朝道光中叶,遥遥五百年,上海一县,亦如直隶之静海,浙江之临海,广东之澄海,其名不著于中国十八行省,更何论五洲万国乎? 在通商以前,五百年中,如在长夜,事诚无足称道;通商以后帆樯之密,车马之繁,层楼之高矗,道路之荡平,烟囱之林立,所谓文明景象者,上海有之。中外百货之集,物未至而价先争,营业合赀之徒,前者仆而后者继,所谓商战世界者,上海有之。然而文明者,租界之外象,内地则黯然也。商战者,西人之胜算,华人则失败也。吾一言通商以后之上海,而为之愧,为之悲。愧则愧乎同一土地,他人踵事增华,而吾则因陋就简也。悲则悲夫同一人民,他人俯视一切,而吾则局促辕下也。要

图1-9　开埠后繁忙的外滩

之，通商以来，'上海！上海！'其名震人耳目者，租界也，非内地也。商埠也，非县治也。岂非所谓喧宾夺主耶？抑非所谓相形见丑耶？"

总之，没有开埠通商，就没有近代上海城市的突出地位。没有商业，就没有现代化的上海。

（四）买办商人应运而生

1843年开埠后，上海对外贸易额就一直在持续走高，但是，东、西方语言不一样、货币不统一、社会商业习俗不同等问题，严重限制了跨国贸易往来。外商来华贸易不仅需要学会汉语和上海方言，而且还要了解当地的风土人情。旧中国的金融制度，如钱庄、票号的办事手续、度量衡制度及货币银两的换算，复杂且不统一，外商在华贸易往往寸步难行。为了解决这些问题，促进贸易自由化，人们急需既精通双方语言，又擅长贸易的人才，买办应运而生。无论是东西方的政治、经济交流，还是文化交流，买办都在其中扮演着一个不可或缺的角色，是具有重要战略意义的特殊阶层。买办也凭借自己的知识和能力，在短时间内获得了大量财富，成为一种新型商人，对中国近代史产生了重大影响。

买办主要指外国资本家在旧中国设立的商行、银行等所雇用的中国经理,其首要职能是经济职能。在洋行里,买办的主要工作是招聘和管理中国员工,保证银库的安全,为外国商人提供一定的中国经济形势情报,替钱庄票据做担保人,为外国人与中国人的贸易提供各方面的帮助,所以,把旧中国的买办称为外国侵略者对中国人民剥削、掠夺的帮凶并不过分。

19世纪的时候,买办们通过各种途径积累了大量财富。此外,经过多次的对外贸易,买办已经掌握了西方人现代贸易的方法,并能在实际生活中运用这种方法。作为最早跟外国商人进行直接接触的中国人,买办清楚地认识到了近代工业的发展前景及其所能带来的利益,他们认识到近现代工业化是时代发展的必然要求。因此,买办率先参与了轮船运输、采矿和纺织等轻工业的经营活动,再逐步踏入机器制造等近代行业,由此成为中国近代工业化的先锋。

(五) 沪商文化的孕育

开埠之前的上海,限于商业发展程度与商人力量的弱小,不可能孕育出有特色的沪商文化,甚至就整个上海的文化而言,也无甚个性,在中国历史上的文化圈中可以说并无突出之处。上海的商业发展、繁荣和大量的移民分不开,近代上海的商人绝大部分并非土著,而是来自江浙等省的国内移民和来自海外的国际移民。上海开埠不久,就取代广州成为国内最大的进出口贸易城市,从而迅速奠定了作为全国多功能经济中心的重要地位,各省商人纷纷进驻上海,使上海的商业获得奇迹般的增长,上海商人的力量也一跃而居全国之首,在整个社会生活中显得极为活跃。

如果说徽商文化和晋商文化是当地商人的产物,那么沪商文化则主要是来自全国四面八方的商业移民共同创造的一种杂交混合型商业文化。沪商文化既不是原有的传统上海社会和商人所创造,也不单纯是在后来到上海的某一省份商人的思想文化基础上形成,而是各地商人多元文化融合杂交的产物。上海商人不断创新和出奇制胜,逐渐形成了自己颇具特色的文化性格,并对近代中国商人文化的发展变迁起到了开风气之先的重要作用。

近代沪商文化的特点使得上海商人具有独特的政治风貌，并促使上海商人逐渐摆脱"在商言商"的束缚，上海商人的政治参与热情最为高涨，在推行地方自治、参加辛亥革命等政治性活动中，上海商人在全国商界中堪称翘楚，在近代中国一系列政治运动中发挥了尤为重要的作用。

1. 上海客籍商帮文化各领风骚

早在明代就有很多徽商、晋商等内地商人旅居上海。清代上海县城云集的各地商人远超明代，本地籍的上海商人仅占10%，其余都是全国各地商人，其中有随海上贸易而来的江、浙、闽、粤等东南沿海商人，且越来越居于重要地位，如广东潮州商人、福建泉漳商人、江苏青口商人、浙绍商人、浙宁商人等，也有随北洋航运而来的山东胶西商人、莱帮商人、乳帮商人，还有苏乍商人、关东商人以及早有名气的徽商、晋商等。

开埠后的上海万商云集，全国各地商帮涌入上海，有广东帮、宁波帮、安徽帮、山东帮、天津帮，还有湖北帮、湖南帮、四川帮、山西帮、钱江帮、绍兴帮、南京帮、扬州帮、苏州帮等。据《上海乡土志》记载："上海五方杂处，侨寓之民实多于土著，故各处之旅沪者，皆以会馆以通声气。宁波人最多，所立者为四明公所；粤人次之，所立者为广粤山庄、潮惠会馆，他若湖南、楚北、泉漳、浙绍、锡金、江宁、江西等处，各有会馆。"在上海城市化的发展过程中，各商帮在沪上各领风骚、交相辉映。

徽商早在乾隆十九年（1754年）就创立了同乡组织——徽宁会馆，成为沪上颇有影响的客籍商帮。儒风独茂、商而兼士的乡风使徽州造就了许多儒商，徽商业贾积财后，许多人把万贯财富倾注于肥家润身，购置田宅，兴建祠堂，编修族谱。但过于沉湎于理学宗法，束缚了徽商通向新的生产方式之路，致使他们在近代上海"世变日新，物竞维烈"之时，仍然墨守旧习，其经营方式也囿于传统，与新兴的工商行业脱节。凡此种种，使旅沪徽商的颓势在所难免。

"无宁不成商"与"无徽不成镇"并称，这说明甬商与徽商在商业领域的并驾齐驱，但又有俗语说："遍地徽州，宁波人跑上前头"，俨然喻示着一种比较。粤商、甬商多具濒海居民的开放、通脱，而徽商、晋商则多具内陆居民的朴实、敦厚。可以这样认为,称雄于明清时期的晋商和徽商是传统时代的商界领袖,而粤商和甬商则领近代商界之首。

闽商一度与粤商双峰并峙,其经营范围主要集中在埠际商贸领域,开拓或独占了航运、蔗糖、棉花、国产纸业、果桔、炒货、檀香、蓝靛等诸多行业,闽商甚至成为一些行业的代名词。洞庭帮则是以苏州吴县境内洞庭东西山命名的商帮,又称洞庭山帮,在开埠后的上海金融业、买办业中占有重要地位。如席正甫家族三代世袭汇丰银行买办长达56年,使洞庭帮的席氏家族声名远扬。

活跃于近代上海的客籍商帮数量繁多、影响深广。晚清的时候,上海就有56个会馆。一个人不守规矩,巡捕要问你是什么地方人,不是要送你回去,而是要找同乡会首领,给你做规矩。上海各种商业文化交汇,每个文化都有自己的生存空间,上海越是多元,就越有利于促进城市商业、文化的繁荣。

各商帮以不拘一格的经营方式,在上海市内商业、钱庄和埠际贸易中各显身手,与上海的现代化进程一起发展壮大。各个商帮交相迭次的发展过程折射出不同地区商人理念和地域文化的差异,有着浓郁的乡土情结。各商帮在沪上的消长既映照了社会演进的历程,也显现出不同地区商人的社会心态和文化人格。此后,跨地域新式商业组织(同业公会)逐渐取代旧式商帮同乡团体,各地商帮逐渐融入近代沪商队伍。

2. 中西商业文化深度融合

沪商文化不仅具有内地商业文化融合杂交的特点,而且在其形成过程中很大程度上还受到西方商业文化的影响,因此它又是中西文化交融的产物。中西文化从器物、制度到精神,全面而深入地接触与交流。在器物层面,从西方近代的照明用具(火油灯、煤气灯、电灯)、自来水、通信工具(电话、电报)、交通运输工具(轮船、马车、电车、汽车),到日常生活用品(缝纫机、电风扇、照相机);制度层面,从市政管理制度到教育制度、作息制度(如星期日休息、一天分为24小时)到议会制度;精神层面,从崇尚自由、民主、平等、博爱,到倡导竞争意识、进化观念等。这些元素全部是自西方植入,并且在上海生根发芽,再辐射到周边地区。

据邹依仁《旧上海人口变迁的研究》一书的统计，晚清来沪的国际移民从1843年只有26人，到1910年高达15 012人，不到70年，上海国际移民增加了500多倍，这在世界大城市的移民史上是十分罕见的。这些资料是从租界当局的统计中得出的，大致反映了定居上海的国际移民的人数，而实际数量远比这个数字要大。晚清上海国际移民国籍之分散也是中国的其他城市所无法比拟的，最多时达50多个国家和地区。这种异质化的程度，恐怕连唐代最开放的长安也难望其项背。这批来沪的国际移民，有从政的、经商的，也有传教的、行医的、兴学的、办报的，等等。他们把上海视为自己发展事业、实现野心、从事各种冒险活动的乐土。

洋商进入上海后，随之也将西方的商业文化引入上海，其组织形式、经营方式乃至生活方式，都反映出西方资本主义的商业文化特点，无形之中对上海商人起了示范作用。由于设在上海的外商洋行和银行为数众多，上海买办商人的数目也居全国各大城市之首。他们直接参与洋行的经营，通过与洋商的密切交往，耳濡目染地受到西方商业文化的影响，致富之后自己投资创办实业，成为上海的新兴商人，同时也习惯性地将西方的商业文化带入上海商界。

华洋杂处的城市，使得商业发展中各方势力交织和竞争，适者生存、能者生存，最终滋长出繁荣的商业环境。沪商既不是传统商帮，也不是传统坐商或行商，而是与资本主义大生产过程相联结的大流通领域商人。沪商还具有浓厚的海派风格，集中表现为"海纳百川，融汇中西"的气度，平等竞争意识和依法经商理念，这就是沪商之精明所在，使上海成了一座具有"魔法"的文化大熔炉，具备强大的磁力场。汇聚于沪上的各个商帮勇于开拓、诚实守信的经营理念，急公好义、勇于为善的公益精神，为今人提供了历史启悟。人们重新审视商帮，理解地域人群及支持其经济行为的文化因素，对于汲取商帮文化中的积极有利因素，推动市场经济良性有序的持续发展，具有重要的现实意义。

二、上海民族资本商业的诞生

（一）轮船招商总局的创立

外商从上海开埠到19世纪六七十年代几乎垄断了上海的对外贸易、江海航运和金融，上海近代民族工商业与外商不断竞争，到19世纪末才逐渐取得优势。官商、买办商人和民营商人扛起民族工商业的大旗。官商的洋务企业是在与外商抗衡和竞争中创办与发展起来的，吸取了一些资本主义的经营管理模式，采用官督商办、官商合办的形式，向近代化迈出了一大步，其代表人物是当时中国规模最大的民族企业轮船招商局的盛宣怀，"一手官印，一手算盘，亦官亦商"。买办是外商洋行所雇用的中国代理人，帮外商做生意，有薪金、佣金，又吃差价，还有利息和各项陋规收入。后来买办们开始一边为外商工作，一边经营自己的生意，具有双重身份，买办商人一旦独立经营工商企业，便脱离了买办身份。上海不少大型航运、工业企业的创办人，都曾经是买办，代表人物有朱葆三、虞洽卿、朱志尧、刘鸿生等。民营商业的创始人是从学徒逐渐成长为商人，如"棉纺织、面粉大王"荣氏兄弟，商务印书馆的创办人鲍咸昌、夏瑞芳等。民营企业家起初投资额比较小，但到1913年，民营企业投资额已占国内投资创办企业投资总额的76.3%，超过了官商。

上海的商业故事，还是要从海说起。开埠之前，上海作为南北洋航运中心，既是南北商品流通格局变化下的产物，也是清廷商品流通政策变化下的产物，海运业在上海的早期兴起过程中具有无可替代的作用。

在上海,船商不仅在航运业中居于中心地位,而且发挥出领袖百业的作用。

近代之前,长三角内河航运主要靠以人力行驶的航船及人力、风力相兼的帆船,不堪重负,难以远航。1860年,开放长江,由蒸汽机、汽轮

图1-10　内河航运的人力搬运

图1-11　外滩人力帆船

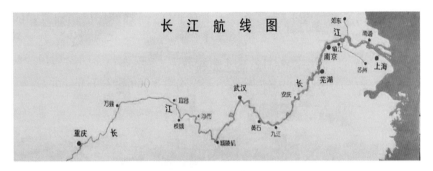

图1-12　长江航线图

图1-13　传统沙船

机、柴油机、燃气机等驱动航行的轮船通航,数千艘帆船被逐入支流,沿江木帆船受到强烈冲击。长江轮运航线的开通,使上海与长江沿岸各地原本薄弱的经济联系更密切,以上海为中心的长江河海航运的衔接为苏浙沪的商业经济交往提供了便利。

　　开埠后,外国轮船得以直入长江,凭借着安全迅速、运价低廉的优势,垄断了当时最有利可图的江海轮船航线。以上海为中心的中国沿海各地的航运贸易逐渐落入外国资本主义手中,原先十分发达的上海河船业很快陷于困境。为了向中国出口商品和掠夺原料,1862—1881年,在上海创办的外资轮船公司共有7家,其中美商1862年创办的旗昌轮船公司、1872年英商创办的太古轮船公司、1881年英商创办的怡和轮船公司，是资本最多、最重要的三家。这些轮船公司热衷于上海至宁波航线，如美商旗昌轮船公司1862年在上海与宁波之间开辟了一条航路，行驶载重1 086吨左右的"江西"号轮船，英商太古轮船公司在1869年开辟了上海至宁波航线，行驶一艘载重3 000吨左右的"北京"号轮船。

图1-14　怡和轮船

图1-15　内河航运的洋行轮船

图1-16 轮船招商局外景

中国沿海内河航行权逐渐落入洋商之手,国内朝野上下就有创办轮船航运以争回利权之议。以李鸿章为首的洋务派大臣力主创办轮船招商局,目的是要在中国航运业争一杯羹。李鸿章知人善用,最终采纳了盛宣怀的方案,于1873年创立了轮船招商局。

盛宣怀是江苏常州人,1844年11月4日出生在一个大户人家。父亲盛康是经济领域的官员,作为长子,盛宣怀经常跟随在父亲的身边。耳濡目染,他经世致用的学问懂了不少,科考的八股文章却总也写不好。常州这个地方的文化传统就是科举鼎盛,光清代就出了4位状元、6位榜眼、4位探花、100多位进士。盛宣怀是不第秀才,23岁中了秀才,后来连续考了三次,都没中举。

科举不利,对盛宣怀来说至多是有些遗憾罢了,因为他觉得,做官不如做事。他深知,能改变中国落后命运的只有引进先进科学技术、兴办工矿企业、搞洋务运动。1870年,年仅27岁的盛宣怀经人介绍,入了北洋大臣李鸿章的幕府,这一步让他登上了风起云涌的历史舞台。在李鸿章的身边,他经常下笔万言地写文案,也经常日行百里地办军需,由于过人的聪明和勤奋,青年盛宣怀终于得到了李鸿章的器重,仅过了一年,他的官衔就上升至知府。

当时的洋务运动正搞得火热,盛宣怀终于不甘心只做一个幕僚了。他写信给李鸿章说:"竭我生之精力,必当助我中堂办成铁矿、银行、邮政、织布数事,百年之后,或可以姓名附列于中堂传策之后,吾愿足矣。"表达了自己追随李鸿章、投身洋务运

图1-17 盛宣怀

动的决心。

盛宣怀亲眼看见外国的轮船日益增多地航行于中国的江河，除了揽载客货之外，还承运官粮，获利很厚。与此同时，中国人却还在用沙船、手摇船运输物资，轮船航运业几乎为零。这一切，让盛宣怀看在眼里，急在心里。盛宣怀在给李鸿章的《轮船招商章程》中，第一次提出了"官督商办"的概念。他指出，中国的官商久不联络，做官的不照顾商人，经商的不考虑国家，而只有官商联合，才是国富民强的出路。该章程一开头就强调外国人能把航运业办好，中国人也一定能办好的，甚至超过他们，若要收回利权，首先要照顾商人，把商人摆在第一位。

然而盛宣怀并不知道，除了自己，李鸿章还找了另一个叫朱其昂的人来出主意。这个人原本就是负责运输漕粮的朝廷官员，朱其昂也拟订一个章程，主张以官款来办轮船航运。1873年1月14日，按照朱其昂的章程，李鸿章等人在上海创办了近代中国第一家轮船航运企业——轮船招商局，但是官办的轮船招商局无法吸引商人投资，因为它只运漕粮，不拉客货，在市场上毫无竞争力。没利润可图，更不可能夺回被洋人占着的大片地盘。几个月后，生意果然做不下去了。

最终，李鸿章决定采纳盛宣怀的方案，改组为轮船招商总局，官督商办。1873年7月，脱胎换骨的轮船招商总局正式登场，轮船招商总局仿照外国人的模式，募集商股50万两，每股股值100两，一年一小结，三年一大结，按股派息，认股不认人。对于新成立的轮船招商总局，盛宣怀充满了信心，他劝说父亲变卖了家中的几处典当行，第一个入了股。轮船招商总局迅速筹集商股，资本从20万两上升到100万两，新生的轮船招商总局终于上了轨道，中国的轮船开始航行在中国自己的沿海和长江内河，而轮船招商总局也一时声名鹊起。

1883年，由于爆发世界经济危机，轮船招商总局的股票由原来的每股100两下滑到每股50两，情势十分危急，1885年，盛宣怀受命出任轮船招商总局督办，他踌躇满志，立即对轮船招商总局开始了大刀阔斧的改革。除了一系列的管理章程，他还推出了10条用人规则，认为重振招商局，最关键的是选拔优秀人才，特别是后起之秀，同时还要雇佣技艺高超的洋人。

图1-18   南洋公学

办教育也是盛宣怀的一个强国理想,他每办一处实业,都办与其有关的学校,就相当于现在的职业学校。1895年秋,盛宣怀在天津创办了北洋大学堂,这是我国第一所大学,第二年春天,他又在上海创办了南洋公学,还邀请了一个美国人来当监院,相当于院长一职,并规定要选送优秀的毕业生出国留学。

郑观应著名的商战理论认为,西方列强侵略中国的目的是要把中国变成他们取材之地、牟利之场,遂采用兵战和商战的手段来对付中国,而商战比兵战的手法更为隐秘,危害更大,所谓"兵之并吞祸人易觉,商之掊克敝国无形"。他还主张,"西人以商为战,彼既以商来,我亦当以商往""我之商一日不兴,由彼之贪谋亦一日不辍""只有以商立国,以工翼商,欲制西人以自强,莫如振兴商务"。轮船招商总局与外资轮船的

图1-19   南洋公学现存标志物

三十年海运商战还只是上海商业的一个起点，一个大格局的起点。

（二）买办商业的出现

著名经济史学家丁日初先生在《旧上海的外商与买办》一书中指出："随着我国同先进资本主义国家贸易关系的逐年加强，我国第一批从事对外贸易的买办商业产生了，这是最初的民族资本商业，这一批买办就是中国第一代新式商人。"买办按照西方的经营方式，出资成立中国企业，同时模仿洋行，雇佣买办，参与到了中国近代工业化发展中。

1. 买办徐润

徐润，字润立，号雨之，别号愚斋，广东香山人，1838年出生，于14岁到上海，进英商宝顺洋行当学徒，后升为买办。该洋行经营西洋货、中国的丝、茶叶、棉花及南洋暹罗等地的檀香、胡椒、苏木等进出口贸易，贸易范围扩展到长江流域、南洋、日本等地。1859年，徐润与宝顺洋行另两名买办在上海合伙开办绍祥字号，经营各洋行丝、茶、棉花生意，并与人合股开设敦茂钱庄、协记钱庄，他还全力拓展长江轮运，开

图1-20 徐润

拓上海至汉口的客货两用航班，建有上海唯一能容纳海轮的大船坞，生意日益兴隆。1859—1864年，徐润先后设立经营出口茶、丝和进口鸦片的行号及钱庄10多家，分布于温州、宁波、河口等处。

1866年，徐润用自己运送茶叶的轮船帮助李鸿章运送粮饷和军械，经李鸿章保奏，加四品衔。同年，宝顺洋行受伦敦金融风潮牵累而衰落，徐润决定自立门户。1868年，他在上海开设了宝源祥茶栈，并任洋药（鸦片）局和仁济医院、广帮组织的广肇公所等处的董事。1873年，会同唐廷枢接办第一个官督商办的民用企业轮船招商局，招揽大批股本，改变了招商局仅运漕粮不做揽载的做法，顶住了外商联合抵制活动，并迫使旗昌轮船公司破产，接管了其全部财产。1875年，徐润与人合办仁和水险公司、济和水火险公司，为中国人自办保险事业之始。

1882年,徐润与人集股创办同文书局,是中国人自办的第一家近代石印图书出版机构。

在此期间,徐润开始涉足房地产经营,在上海、天津、镇江等地买了不少土地,在上海建造余庆里、青云里等里弄房屋并出租取息,至1883年末,他拥有未建房的地产2 900余亩,已建房的地产300余亩,共造洋房51所又222间,街房等1 800间,每年可收租金12万两。

因投资的股票行情大跌,加上与人合办的钱庄积欠存户巨额款项,资金无法周转,1884年,徐润挪用招商局大量公款想渡过难关,不料事败,又将镇江及上海永业里、乍浦路等处房产以6万多两的价格抵偿招商局欠款,他的房地产事业终告失败,同时被盛宣怀排挤出招商局,并连带革除开平矿务局会办之职,直至1891年才又恢复开平矿务局会办之职。

晚年徐润转而投资民族工业,1902年创办上海景纶纺织厂,该厂生产的汗衫畅销南洋各地,并在全国许多企业中拥有股份,总计资本不下123万两。他还投资了上海伦章造纸公司、中国香港第一家华商糖厂棸利远糖榨公司。1903年,徐润由袁世凯委任重返招商局,为代理总办,1906年又升为招商局代理总办,但不及1年即被革职。在此期间,他奔走中南、东南及塞外各地,借款经销茶叶、投资开平煤矿、平泉铜矿、建平金矿、天一垦务等公司,并继续投资房地产,在天津塘沽车站两边造屋500余间收取租息。另外,还将旧屋翻新,以提高租金收入。徐润在上海英租界山东路265号有一所常住寓所,他将寓居上海近60年间沪上有关中西方之间诸大事纂集成《上海杂记》,并编有自述年谱一部。1911年徐润病逝于上海。

2. 买办郑观应

郑观应,本名官应,字正翔,号陶斋,别号杞鹤山人。买办出身的郑观应,先后任轮船招商局、上海机器织布局、上海电报局的总办,在其所著《盛世危言》中提出一系列救国强国主张,对康有为、孙中山都有影响。

郑观应1842年出生于广东香山一户私塾老师的家中,17岁时因家贫到上海投靠叔父,一边在宝顺洋行打工,一边在英国传教士傅兰雅办的英美书馆夜校部学习英语。1868年，郑观应到上海和生茶栈当译员，不久承办这家茶栈，同时经营荣泰轮船公司。1873年，郑观应受聘担任太古洋行轮船公司总理，并在牛庄、上海等地开设商号、钱庄，成为买办商人，在此期间，他曾多次捐官，至候补道，由于交游广泛，资力雄厚，成为上海滩的名人。

1873年，郑观应出版了《救时揭要》，后改名为《易言》，提出学习西方先进技术，以自强之道战胜列强，被誉为"救时之良药"。1894年，郑观应出版了《盛世危言》，全书共87篇，全面阐述了改良之道，提出与列强展开商

图1-21　郑观应的《盛世危言》

战，培养新式人才，开设议院，实行政治改革，建设近代工商业的道器、体用、本末、主辅等具体措施，他的文章笔调清新、语言简朴、感情真挚，具有相当的感染力。该书刊出后，人们竞相传阅，以至重印20余次，是中国近代出版史上版本最多的一种书。1895年光绪皇帝看到此书，命印刷2 000部，分发给大臣阅读，此书被时人称为"医国之灵枢金匮"，也使郑观应成为早期改良派的著名报刊政论家。

1878—1879年，郑观应经办直隶、山西、河南赈捐，因办事干练，受李鸿章赏识，被委任为上海机器织布局会办，后升任总办，开始介入洋务运动。1881年，他受命创办上海电报分局，任总办，次年正式脱离太古轮船公司，结束了买办生涯。此后，郑观应相继投资并担任轮船招商局、上海造纸局、开垦公司总办及上海医局总董，还创建天津电报局，主持开平煤矿、汉阳铁厂、粤汉铁路等的创建工作。

1884年，郑观应受命至广东总办粤防湘军营务处任职，积极主张抗击法国侵略，并冒险到西贡金边、南洋等地探察敌情，组织运送军队、军械赴台湾。次年，他在香港被太古轮船公司借故控告，受到一年的监

禁。1892年,他受盛宣怀的邀请,再任轮船招商局帮办,从此主持局务10年。1902年,袁世凯北洋势力控制轮船招商局,郑观应被迫离开,到广西巡抚幕中任营务处会办,不久升任左江道,次年即离职返乡,在广州任粤汉铁路广东购地局总办。1906年被推为商办粤汉铁路总公司总办。

郑观应在数十年任职于洋行、参与洋务运动和创办经营近代企业的活动中,对西方资本主义政治、经济、文化、科学比中国先进有了深刻的认识,同时反对列强对中国的入侵,痛恨清政府的腐败,在这一过程中,无时无刻不在寻找富国强民、拯救民族的道路,写下了数量可观的政论文章,相当一部分发表在王韬主编的《循环日报》上。

图1-22　郑观应

郑观应还参加过一些进步政治活动,1894年,孙中山北上向李鸿章上书,途经上海,郑观应应他的要求,为他写信介绍于盛宣怀,请求转荐。1900年,他参加了容闳等发起的上海自立会,不承认以慈禧太后为首的清政府。1904年,参与组织广州商务会,次年在广州抵制美货运动中被推举为广州拒约会主席。郑观应还乐善好施,多次捐资赈灾。

1909年,郑观应第三次到轮船招商局任会办,1913年被选为董事,因年老体弱,已较少做实际工作,而是关注实业教育,曾任轮船招商局公学住校董事、商务中学名誉董事,希望培养航运人才。他还参与创办了中国第一所女子学堂经正女学。1922年,郑观应病逝于上海提篮桥招商学校宿舍内,次年夏,遗骨迁葬于澳门前山。

买办作为中外商业媒介,经常与外国人接触,通晓英语对他们来说十分重要。为适应这种需求,1860年代后,沪上陆续涌现出各种商业英语培训和教育机构。根据熊月之先生的统计,1870—1880年上海出现的这类"英语文字之馆"共有36所之多。这些机构的开设主要是适应近代上海日益增长的中外商业往来需要,能够胜任"海关之事,或领衔门中事，或各洋行事务"。以买办为代表的近代新式商人通过各种途径获得了近代商业知识。但是对于他们来说，新式商业技能的获得主要是在经商的具体实践中进行的。

郝延平在《中国近代商业革命》一书中指出，1820—1880年，中国沿海地区一场以"中西商业资本主义"为特征的商业革命正处在不断形成和发展之中。19世纪中国同西方的经济接触，促进了中国商业的发展，以及广泛而深刻的商业革命的发生。买办等商人在这场商业革命的实践中受到了深刻的洗礼。正如一个曾在上海经商的美国商人于1878年发表的"买办人物"一文中所说的那样："外国人同中国人交往的结果并不是完全有利于外国人的。中国人学会了外国人无形中教给他的生意经，并且学得很好，成为比他的导师更强的对手。"

买办等新式商人在商业革命中所受的社会教育，标志着中国近代商业教育的萌芽。但是这种商业教育是20世纪初在清末新政中产生的正规商业学校教育的一种过渡形态，存在明显的局限。在商业革命中，新式商人中很多人当过买办，从外商那里学到了一些资本主义商业的先进经验，但是他们绝大多数不得要领，仅仅"袭其皮毛"而已。另外，买办虽然以其财富和专门知识较早地投身于经济现代化的时代潮流，但在混乱无序、漫无法制的社会经济环境中，他们往往唯利是图，投机成风，缺少国家和民族的意识。近代商业具备复杂性，需要经过系统训练的专业商业人才才能应对，仅依靠实践的熏陶是无法应对中国商业近代化的使命与挑战的。

三、上海商业百态的兴起

（一）上海地产行业的发展

上海房地产行业的形成始于外商,这主要因为他们看准了上海是一块宝地,城市发展的前途不可限量,便竞相投资开发。在高额利润的吸引下,大批外商房地产公司如雨后春笋般纷纷出现于上海滩上。首先是英国商人,他们很快便跳出永租土地原只可作自用的圈子,擅自修订《租地章程》,在从事原先业务的同时,兼营房地产业,其中以怡和洋行和英美烟草有限公司为代表,他们甚至在拥有大量出租房地产外,还搞投机买卖。

21岁的哈同到上海投靠亲戚,被安排到了犹太人开办的沙逊洋行工作。一是年纪较小,二是没什么技术,而且身体干干瘦瘦,因而洋行老板派其守门。上海沙逊洋行当时主要从事贩卖鸦片,每天早上很多买办都会集结到洋行进货,然后卖到大烟馆里,洋行门口每天人来人往,这成了哈同出头的机会。

为了抢生意,每个人都希望第一个拿货,所以每天都有人打架,哈同也因此挨了不少骂。不过正因为这个,给哈同带来了一个机会,他想到了一个解决办法。给每个来取货的人,发一个号码牌,标明先后让他们在门外排队等候,如此一来秩序自然就好多了。如果有人愿意多给他两块银元的话,他就会让这个人先进去,不但解决了秩序问题还有了额外的收入,这不是一举两得吗?就这样哈同在洋行里干了十多年,陆陆续续收着不少提货人给的小费，加上平时省吃俭用，他很快就积攒了一笔小小的财富。

一天，黄浦江的货船和往常一样络绎不绝，35岁的哈同独自走在黄浦江边，心情有些烦闷，已过而立之年的他不知道下一步该怎么走。突然哈同听到有人用英语喊"先生，需要买束花吗"，这声音实在是太美妙了，一下子就把哈同吸引住了，他在想，这一定是个洋姑娘，当他抬头一看，竟然是一个标致的中国姑娘。

都说一个成功的男人背后，一定会有个了不起的女人。当时的哈同对这句话深信不疑。哈同如愿找到了这个女人，她就是卖花女罗迦陵。这位女子笃信佛教，睿智而心地善良。罗迦陵祖籍福建，父亲是个法籍水手，母亲是中国人，她是个混血儿，罗迦陵出生后不久，她的父亲抛弃妻女，回到了法国，六七岁的时候母亲也去世了，因此罗迦陵被送到了亲戚家寄养。长大之后罗迦陵出落得十分漂亮，但是因为生活所迫，她做过外侨女佣，还在上海虹口做过咸水妹，曾沦落风尘，可就是这么一个生活在底层的女子，竟成了哈同命中注定的贵人。

自从罗迦陵嫁给哈同后，哈同在上海滩十里洋场竟飞黄腾达、财源广进，华丽转身成为上海滩首富，被人称为远东第一富翁。在《哈同先生行状》一书中曾有这样的描述："夫人庄敬明达，先生即获内助，即外

图1-23　罗迦陵和哈同

事亦必咨度之而后行"，罗迦陵不仅把家里料理得井井有条，对哈同的事业更是尽心竭力，出谋划策。

罗迦陵告诉哈同，在上海滩要想赚钱，只有两个办法。第一就是卖鸦片，可是我作为中国人，这种事情干不了，那就只有第二个办法了——搞房地产。《南京条约》允许外国侨商在通商之地租地建屋，然而老外习惯了"买地"而不愿意受租期限期约束，经过两年的谈判，上海道台与英国领事议定了上海租界的《租地章程》，外商可以永远租用中国人的土地。中国几千年以来，靠民间信誉担保的土地关系，发生了根本的变化。租界的土地所有权得到政府的保障，土地成为可以买卖和流通的商品。

哈同听从了罗迦陵的建议，拿出所有的积蓄，买了几处房子，然后租出去，收取房租。刚开始的时候收租金可是个难事，很多租户都拖着不给钱，这可让哈同伤透了脑筋，后来罗迦陵给哈同出了个主意，让他每次出去收租的时候都带着一个小孩，从早到晚，这租户见了会心疼小孩，心一软就把租金交了。听了罗迦陵的建议后，哈同果然顺利了很多，从此他对妻子是心服口服，慢慢地在罗迦陵的帮助下，哈同开始利用自己的房地产事业疯狂捞金，短短几年间哈同成功跻身于上海富商行列。

当时上海南京路远没有现在繁华，可罗迦陵敏锐地觉察到，以它独特的地理位置，有可能成为上海的交通枢纽，所以她强烈建议丈夫哈同修整这条马路。哈同真的花了十万两银子，从印度进口了一批上好的红木，把它切成段，然后从外滩一直铺到了江西路，南京路也因此成了远东地区最漂亮、最平整的马路。不久后南京路果真就成了上海的商务中心，地价疯涨数百倍，至此哈同彻底发了大财。

根据当时的统计，哈同拥有1.7亿银圆的财富，其中包括460亩地和1 300多幢房屋，以及大量的金银珠宝，毫不夸张地说，当时的大半个上海滩都是属于哈同的。到20世纪30年代，哈同集团成了上海名副其实的"地皮大王"，仅他一家就占有了上海最繁华地段南京路地产的44%，当时南京路两侧的大楼、里弄，凡是以"慈"字命名的，如慈淑大楼、慈裕里，都是哈同集团的产业。哈同要么在自己地皮上盖上房子，收取租金，要么干脆把地皮租给别人，坐享其成。

哈同在短短的几十年中聚敛这么多财富，绝非偶然。有一首歌谣曾这样描述他："哈同，哈同，与众不同。看守门户，省吃俭用；攒钱铺路，造福大众。筑路，筑路，财源亨通。"正是凭着勤劳、俭朴和智慧，哈同成为犹太人中的经济巨子之一。

1884年，中法战争爆发，中国军队接连挫败法国侵略军的攻势。上海的洋人认为中国打败法国后自然就会清理他们，于是纷纷逃离上海，上海的房价因此暴跌。哈同却认为这是千载难逢的好机会，联络了周围的一批犹太人低价收房。哈同把筹来的钱全部用于购买房屋土地。由于清政府腐败无能，中国在军事上节节胜利的情况下反而失败，李鸿章与法国签订了《中法和约》。洋人又纷纷回到上海，十里洋行恢复了繁荣。由于哈同在关键时刻维护秩序"有功"，1887年被聘为公共租界工部局董事，当时这是租界最高的荣誉职务。哈同名利双收，他购买的房产，也就是今天的南京东路一带，逐渐发展为上海的商业金融中心，在数年间地价上涨千倍以上。

其实，旧上海的外国炒房团并不止哈同一家，即便在犹太人中，哈同也并不是最早的。19世纪70年代后期，沙逊集团就将业务拓展到房地产业，成为沪上房地产大王。哈同集团之所以能后来居上，除了哈同出色的判断能力外，还和他与当时中国政府高官的良好关系有关。哈同倚仗英、法帝国主义在上海的势力，大力拉拢清政府官员和北洋军阀。不少政界、学界名人都同哈同有交往。政界名人孙中山、蔡锷，学术大师罗振玉、王国维，都和哈同有关系。

哈同置地建房出租，收取高额租金，凡租赁店铺房屋者，额外增收大额租金，他出租土地供房地产开发商建造房屋，契约期满将房屋收归己有，继续出租渔利。他还以抵押贷款循环获利，即以甲地道契向银行抵押贷款购乙地，再以乙地道契向银行抵押贷款购丙地。哈同的这些房产经营手段和资本运作手段为上海房地产行业的蓬勃发展指明了前进方向。

（二）近代民族企业风起云涌

近代民族企业追求卓越，开拓创新，普遍采用从西方引入的股份制度，"不怕股东小，就怕股东少"，且在管理上引进美国最新科学管理方法。曾在上海创办德大等纱厂的穆藕初，曾赴美留学，直接向泰罗博士学习科学管理方法，并最早把泰罗理论介绍到中国，在其厂内推行，效果很好。其他企业也纷纷前来参观学习，许多企业由此走上管理制度化之路。

1. 食品行业

陈奎甫原在陈大房茶食店店内协理学艺多年，但店主不善用人，对其并不看重，陈奎甫便有了独自下海经商打算。光绪二十五年（1899年），陈奎甫在天主堂街（今四川南路）租了一间店面，开设了一家糕饼店，因倾慕"陈大房"的声誉，借用"大房"两字，挂起了上海第一块"老大房"的招牌，自产自销糕饼，主要经营定胜糕、枣泥糕、赤豆糕、薄荷糕、双阳团等。由于生意兴旺，第二年便在码头附近租了房子，正式开起了茶食店。陈奎甫做生意讲诚信，遵守商业道德，他自己开店就不生产为"陈大房"制作过的产品，而是动脑筋研制新品。他从"周武王伐纣，闻（仲）太师带兵"的故事中受到启发，发明烧饼作干粮，自己设计、配料，创制了一种适合现代人口味的烤饼，定名为"太师饼"，上柜应客，一炮打响。

太师饼使"老大房"名利双收，大大激发了陈奎甫继续创新的信心。

图1-24　泰康老大房商标

他开动脑筋创制出更多的独家产品。生意兴，获利多，三年后，他就在南京路福建路口（即老大房的现址）开设了第一家分店，推出了异味熏鱼、熏蛋等脍炙人口的特色招牌产品，使"老大房"的名气更响。之后，他又在静安寺开设了第二家分店，称为"西区老大房"，后在霞飞路（今淮海中路）开设了"西南老大房"，在南市董家渡开了"协记老大房"。由于他的产品都是质量优异、特色鲜明的新产品，所以店开一爿，兴一爿，消费者只要一听是"老大房"，都会趋之若鹜。

图1-25 德大牛肉庄

1897年，陈安生开创了上海第一家名为德大牛肉庄的西餐社（后改名为德大饭店），起初并没有设计商标，只是将"德大牛肉庄"这几个字请人题写并印制在牌匾上，字体选用传统的古体。后来因其服务对象主要是银行职员、新闻记者、工商界人士以及医生等白领阶层人士，而且西餐社的外宾愈来愈多。于是，德大西餐社设计了商标，德大的拼音为"deda"，为了方便识别，便用英文字母"DeDa"作为字号商标和形象的象征，很受外宾和白领阶层人士的喜爱。

进入20世纪初，上海食品业开始进入从手工作坊向机器化生产发展的阶段。1904年，在百老汇路（今大名路）出现晋丰号，这是上海第一家中国人开设的面包、西点作坊。1906年，南洋华侨王拔如在小沙渡购地建屋，置备机器，创设泰丰罐头食品厂，制造禽类、肉类、鱼类和果蔬类罐头，并兼制传统的蜜饯型糖果。1907年成立泰丰罐头食品有限公司，扩大经营范围，增添饼干制造机器，并聘德国工程师生产饼干。

图1-26 泰丰公司"双喜"饼干罐头

1909年上海乔家栅食府创建，乔家栅本是上海县城内乔家浜北岸仅长百余米的小街，因明代名将乔琦世代居此而得名。晚清时，一些点心店、小吃摊在小桥头乔家栅弄口聚集成市，其中一个叫李益高、外号"小光蛋"的也肩挑汤团担在这里叫卖，这个来自安徽含山县的小伙子做的徽帮汤团吃口糯润、馅心适度，很受欢迎。1909年，李益高租乔家栅42号和44号两间门面开了家点心店，取名"永茂昌"，慕名而来的食客日益增多。

此外，光绪年间一些由个人发展起家的小吃类字号和食品加工作坊也发展繁荣，1910年出版的《图画日报》生动描述了老上海弄堂口的馄饨担："大梆馄饨卜卜敲，码头担子肩上挑，一文一只价不贵，肉馅新鲜滋味高"。上海租界初设时候就已经有菜场，但只是街头集市，1909年，上海租界的菜场已经有7个，沪西华界也出现了室内小菜场。由此，穿街走巷的卖菜小贩，渐渐都进了小菜场。

2. 服装行业

荣昌祥呢绒西服号是上海第一家最具规模的西服店，于1910年开设在南京路（即现在上海市中百一店原址）。三层楼建筑，10开间门面，店外灯光辉映，店内装饰讲究，在当时颇具气派。一楼铺面辟为

图1-27　初创时荣昌祥的外景

商场；二楼前半部分经营呢绒批发，后半部分则为裁剪间、工场间和配料间；三楼一半仍是工场，另一半为职工宿舍。刚开业时，南京西路尚未开发，该店地段尚属偏僻。该店老板王才运是浙江奉化江口人，13岁离家来沪当杂货铺学徒。三年满师后，恰逢其父自日本学做西服返沪，便改行随父学裁缝，开设了荣昌祥。王才运为了提高西服档次，从英国订购服装样本，不断更新产品，又从日本、朝鲜、海参崴等地重

图1-28　王才运

金聘任技艺精湛的华工裁缝，高档的备料和周全的服务，使荣昌祥在中外顾客中建立了卓著的信誉，全国各大城市的客商也纷纷前来选料订货。

　　荣昌祥最盛时拥有职工100余名，经营范围除呢绒零剪和批发外，以定制西服为主，兼营西服所需各类配套商品及饰物，诸如衬衫、羊毛衫、领带、硬领、领结、领夹、呢帽、吊袜带、皮鞋，也有大衣、礼服、晨服、睡服等，应有尽有，花色俱全，仅袖口纽及领带夹就有银质、14k包金等不同的规格。1916年，荣昌祥合伙三人拆股，荣昌祥独资达10万银元之巨，成为当时上海最著名、最完备的大型专业服饰商店。

　　中山装就是辛亥革命后诞生于荣昌祥呢绒西服号。孙中山1911年归国后，曾在荣昌祥做过几套西服。一次，他带来一套日本陆军士官服，要求以此为基样，改制成套装便服：上衣四个口袋的袋盖形状像中国的笔架，象征着知识分子在革命中的重要性；上衣自上而下五粒纽扣，象征着孙中山政治理论中的"五权"（立法、行政、司法、考试、监察）。改制的便装既保留了军服的某些式样，又吸取了唐装、马褂和西装的优点，从此逐步发展定型，取名中山装。

　　3. 近代商业品牌

　　成功的近代企业都把产品质量视为企业第一生命，具有强烈的商标意识、品牌意识，重视广告效应。先看厂名，荣氏企业的"茂新""福新""申新"都有一个"新"字，本身就是企业宗旨；胡厥文办的机器厂

叫"新民",穆藕初办的纱厂叫"德大""厚生",大中华橡胶厂的"大中华",反映了创办人的抱负。再看产品商标:荣氏企业的"兵船"牌面粉、"人钟"牌棉纱、德大"宝塔"牌棉纱、大中华"双钱"牌轮胎、刘鸿生"象"牌水泥和"美丽"牌火柴及章华毛纺厂的哔叽细呢、五和织造厂的"鹅"牌内衣,还有"固本"牌肥皂、"三星"牌蚊香与牙膏、"414"牌毛巾、"华生"牌电扇、"佛手"牌味精、"龙虎"牌仁丹、"红双喜"牌香烟……不胜枚举。每一品牌都是企业生命力的表现,饱含无数辛劳和智慧。凭着这些产品,沪商在市场竞争中站稳脚跟,得到发展,不少产品还打入国际市场。

上海商界巨富之一、经营五金业的"五金大王"叶澄衷,看到当时英商燧昌火柴公司的火柴横扫中国大地,记在脑里,气在心上。为此,1890年8月,他在发迹成名的上海虹口地区一下子投资20万两银元,雇佣800多名工人,筹建了一家全国规模最大的火柴生产厂——燮昌火柴公司,欲夺回被英商燧昌火柴公司占领的我国部分火柴市场,以实业救国,挽回利权。

叶澄衷早先长期从事五金等各类洋货销售工作,深深知道:若要火柴销售超过燧昌火柴公司的"双喜"牌等各牌号洋火,首先要大力宣传自己的火柴商标,不仅要扩大自己品牌的社会影响力,更应使自己的商标早日得到政府的保护。为此,他在开办燮昌火柴公司的当年,就将自己准备使用的"渭水"牌火柴商标呈请当时分管商标注册管理工作的南洋通商大臣进行审核。后经南洋通商大臣批准,被正式使用于火柴之上。

在100多年前华商所创办的各类企业中,极少有人有这样的商标保护意识,即主动要求中央政府应全力保护国人使用的商标,不被其他洋商所假冒,确实是难能可贵的。

图1-29　"渭水"牌火柴盒

（三）上海总商会的成立与发展

1. 上海总商会的成立

大量移民来到上海这座大都市创业，随之带来了中国传统的商业精神和市场精神，其中最具有价值的是地方自治传统和家族自治传统。真正本土化的中国企业家在上海形成了相对稳定的工商区域，这些区域有的是以行业作为纽带，有的是以企业家们的籍贯作为纽带，形成了一种具有传统经验的市场自治组织。这是中国传统价值和现代化市场精神的有机结合，进而构成了上海自由市场的丰富性。

1902年2月22日，上海各业董事70余人聚议，宣告上海商业会议公所成立，严信厚受委担任总董兼总理。而后，又公议了由严信厚起草的《暂行简章》6条，其内容是明宗旨、通上下、联群情、陈利弊、定规则、追通负（追讨拖欠赋税、债务等），其宗旨是"内以处分华商争端，外以对付洋商之交涉、联络商情、挽回利益"。不久，盛宣怀颁给"上海商业会议公所"木质关防。

1904年，上海商业会议公所正式改名称上海商务总会，严信厚续任总理，曾铸、李云书、周金箴、陈润夫先后任总理。

上海总商会，是近代中国成立最早的商业首脑机关。辛亥革命后，1912年上海商务总会与江浙绅商自行组织的上海商务公所经双方议董协商，决定合并改组，以上海总商会的名称合并，选举周晋镳为总理，以商务公所的办公地为总商会的会址。

1916年，根据北洋政府商会法，改总理制为会长制，议董称会董，朱葆三任会长。总商会历届会长有朱葆三、聂云台、宋汉章、虞洽卿、傅筱庵。

2. 总商会早期会长朱葆三的传奇故事

朱葆三，宁波府定海县人，出生于一个小军官家庭，在很小的时候就失去了父亲，14岁那年，他为了生计，被迫离开浙江，来到上海当学徒。朱葆三是近代民族金融业的开山鼻祖，中国保险事业、中国近代航运事业的开创人，中国民间人士投资外国企业的开拓者之一，在中国近代经济史上显赫一时。

　　1861年,朱葆三带着一只旧箱子和一卷旧铺盖,从浙江定海的一个乡村到上海打拼。刚到上海,朱葆三在一家卖罐头食品兼营小五金器皿的协记商号当学徒。那时的上海正是洋人势力大肆扩展的时候,任何人都看得出和洋人打交道是致富的捷径,于是许多人都开始学英语。附近有一家商店的学徒比朱葆三家境稍微好一点,这个学徒每个月出三块钱到补习学校去学习英文,朱葆三自己出不起补习的全额费用,他就请这个学徒做他的小先生,每个月拿出三毛钱给这个学徒,通过这个方式间接学习一点洋泾浜的英文。朱葆三的这笔自我投资,与他日后的豪阔相比,显得微不足道,却让他可以应付生意场上与洋人的往来。在协记这个小铺子里,朱葆三一干就是17年,从最低级的学徒工开始一步一步地往上爬。

　　朱葆三靠自己的双手而非先人的荫庇得来了财富和地位,当离开这个世界的时候,他也并没有为子孙留下什么现金。1926年,当79岁的朱葆三去世的时候,他的葬礼奢华得几近夸张,灵柩经过的马路上,设有三十几处路祭,横幅上写着"中外同悲"四个大字,50万人自发为他送葬,葬礼轰动了整个上海,当时,英法两个租界都要求朱葆三出丧的时候走他们的主干道,上海法租界公董局破例将外滩附近的一条马路命名为"朱葆三路"(今溪口路),这是第一条以中国人名字命名的马路。

图1-30　朱葆三墓碑

在朱葆三的一生中，最辉煌的时期莫过于他曾经连任过两届上海总商会会长，也是上海第一代绅商中赫赫有名的大人物，成为了上海商、政两界一言九鼎的巨头。从一个两手空空的外乡穷小子到坐上上海总商会会长这把交椅，朱葆三的商海经历极不一般。

1878年，朱葆三在外滩新开河开了一家属于自己的五金店，店名"慎裕"，谐音"剩余"，取"年年有余"的意思。"慎裕"一帆风

图1-31　朱葆三

顺，年年获利，不仅让朱葆三赚得第一桶金，更重要的是让他结交了一位极为关键的人物，这就是他的同乡，人称"五金大王"的叶澄衷。叶澄衷长他八岁，是当时上海五金业响当当的人物，朱葆三尊他为长辈。

作为同乡，叶澄衷早就听说朱葆三头脑聪敏，善于交际，许多人一见面就喜欢和信任他。乡亲帮乡亲是宁波商帮最大的特色，叶澄衷为人古道热肠，更为看重同乡之义，再加之叶澄衷觉得朱葆三是可塑之材，见慎裕地段不好，就将他自己的发祥之地——福州路和四川路路口13号的一栋大厦租给朱葆三用。慎裕搬到该大厦后，朱葆三将店名改为慎裕五金商行，扩大经营业务，生意越做越大。

叶澄衷的帮助显然让朱葆三开阔了眼界，他借鉴了叶澄衷从经营五金发展到机器业，再投资房地产、钱庄的循序渐进的道路，开始涉足机器业，在几年里就让他的慎裕号资本翻了几番。随着经济实力的增强，朱葆三先后投资于宁波、汉口、长兴、马来西亚等地，并陆续开办或投资金融、交通、公用、工矿等企业。他长期担任宁波旅沪同乡会和上海总商会及全国商会的会长，成为早期宁波帮的重量级人物之一。

叶澄衷给予朱葆三的帮助是商人与商人之间的帮助，而另一个人——上海道台袁树勋则为朱葆三打通了商人与官府之间的关节。早在朱葆三还是协记账房的时候，袁树勋就经常在协记闲聊走动，那时他只是小官，和朱葆三非常谈得来，两人常常想着做大官、发大财，可谓是贫贱之交。袁树勋发达了之后自然也不会忘了当年的好兄弟。

那个时候正要庚子赔款，赔款的钱都是先给上海道台，聚拢以后再还给外国人。但是各地汇给上海的钱是有时间先后的，慎裕号把先汇来的钱拆给各大钱庄生利息，赚取钱庄放款与道台衙门上缴官利之间的利息差，这其实就是想办法理财。朱葆三掌握了对上海各钱庄拆放钱款的大权，当时慎裕号账房里每天人声鼎沸，坐满了各钱庄的大掌柜，因此，上海钱庄业出了一桩怪事，一家五金号竟成了钱庄拆款的大庄家。但朱葆三深知这种做法有些上不了台面，他也知道只有以他的高度诚信才能获得更多的机会。

与袁树勋的交情为朱葆三打开了通向官府的大门，为了更好的发展，朱葆三出钱捐了个三品官，完成了由商到官双重身份的转换，成为上海滩第一代绅商。至此，他频频结交官府，出入钱业，劲道十足。洋人听闻朱葆三在官、商两界如鱼得水，英商平和洋行的大班就力邀朱葆三去做了买办。朱葆三所做的这个买办，在市井平民看来是为中国人争了气，他也被大家称为"牛头朱葆三"，牛头指的就是他的倔强高傲。朱葆三跟外国人不讲英语，讲中文，让外国人去请中文翻译，这个也是他的怪脾气。他也从来没有穿过西装，只穿中装。然而恰恰是他的怪脾气，为他获得了很大的声誉，也为他扩大自己的商业带来不少好处。朱葆三心里很清楚，洋人请他做买办无非是看中了他的名气，他也知道信誉就是他的金字招牌。

1897年，清政府以官商合股的方式开办了中国通商银行，朱葆三以商股大股东身份出任总董。在众多洋行中，居然有了中国人开的第一家新式银行，朱葆三的名字震动了上海。这为朱葆三赢得了更大的声望，以至很多商人在创办企业之时，都会再三写信给朱葆三，请他一道参与发起招募股本。就连当年声名赫赫的红顶商人宋炜臣创办汉口既济电厂时，也搬出了朱葆三，以此募得了股本。

信誉是朱葆三在商界最大的砝码，他不仅创办了中国第一家新式银行、中国第一家华商保险公司、中国第一家华商轮船公司、中国第一个信托公司，更是参与投资了工商业、金融业、航运业、公共事业等近百家企业。但是他自己真正拥有参与管理的实体就只有慎裕五金号。其实，在同乡中，由朱葆三作保的人数不胜数，以至每年赔保所花的费用占了他收入的相当一部分。长此以往，那些曾经受朱葆三担保的人组成了集团，遇到赔保就由集团出钱，不再由朱葆三出钱赔保。他每年收入三万，除了一万用于家用开销之外，剩余的两万都投入了慈善事业，定海老家9次遭灾，每一次都是朱葆三出钱渡过了难关。

1911年武昌起义后不久，上海革命党人也发动了起义，成立了沪军都督府。当年的沪军都督府财政十分窘迫，革命党人不会坐地生金，他们要求提用道库存款，但是前道台刘燕翼把前道库存折交给了外国领事，各国驻沪领事借口尚未承认革命政府，不允许将各钱庄的存折交出，而钱庄方面则坚持钱业的祖制：没有存折不能付款。盛怒之下，沪军府都督下令将钱业会馆的董事朱五楼软禁起来，一时间，上海钱庄的大小老板都陷入了恐惧之中。那个时候朱葆三主持财政工作也是很为难的，自己不拿工资，而且自己用的人也都是义务工作，200万两的军事开支、财政开支都要他这个财政部长来想办法。后来朱葆三写了一封信给钱庄公会，钱庄公会根据钱庄的大小分担了这笔费用。危机解决以后，上海的一首唱词中有了这样一句话："道台一颗印，不及朱葆三一封信"，对一个商人而言，这句唱词不啻黄金万两。

朱葆三对于"信义"特别注重，因此在经商办企业中，处处给人以守信用、讲义气的印象，每每为人排难解纷，言出立断，深孚重望，遂被推举为宁波同乡会会长、联华总会董事、上海公共租界工部局公断处处长等社会公职。1915年，朱葆三登上了作为一个商人的顶峰——上海总商会会长。

这时的朱葆三已经67岁了，当他登上这个人生顶峰的时候，他的心思也似乎越来越远离了生意场。1920年，朱葆三在卸任总商会会长之后，绝少在商界露面，而是把所有可以动用的资产投入慈善事业。1926年6月，上海时疫流行，朱葆三所创的上海时疫医院经费短缺，他为此连日冒着酷暑到医院巡视，并赴各处劝募捐款，因年迈体弱而染疾不起。1926年9月2日，朱葆三在上海寓所病故，终年79岁。从无到有，又从有到无，朱葆三至精至微地演绎了属于他的商人准则与信条。

徐鼎新在《中国近代企业科技力量与科技效应》一书中指出，"孜孜然博蝇利而自足，既无规模组织，更茫然于'商战'之形势"，这正是对当时多数商人形象的真实刻画。中国商业的近代化，不仅需要广大商人具有开放的商业视野、先进的商业知识，更需要增强团体凝聚力的商业道德。

上海是一座真正意义上的移民城市，这意味着上海能够给予所有有梦想的人们一个平等的自由发展机会。离开自己的家乡去上海，不需要任何手续，只需要带着自己的梦想，这种只有在西方自由城市才具有的市场景象，民国初年的上海也完全具备。太多有商业梦想的人们去了上海，在那里流血流汗，有的成功了，有的失败了，上海成了梦想家的大舞台，成了企业家的大舞台。这一切都取决于上海作为一个移民城市的包容气度。

 马长林（上海市档案馆研究馆员）：外国人有这样的说法：上海是冒险家的乐园，从这个角度讲，你胆子越大、头脑比较活，那么机会就越多。

1912年1月19日是一个具有划时代意义的日子。在这一天，环绕上海县城长达360年的城墙，被当时的上海人拆掉了，这是自开埠以来，上海人第一次对命运做出的自主选择。至此，可以说，孕育多年的海派文化从垮塌的城墙根破土而出。

第二章

筑梦繁华

（1911—1948年） >>>

引　子

  自1911年辛亥革命开始，人们的商业意识有了巨大的转变，各种商业业态蜂拥而起，各种商机层出不穷，这也筑就了上海的繁华。上海地理位置优越，通江、临海，十分容易拓展海内外贸易，开通国际国内市场。20世纪二三十年代的上海，已经成为中国最重要的商埠，对外贸易的中心，全国工商业最为集中的城市，处处是商业、处处是霓虹，被称为"东方夜巴黎"。这段时期，也成就了一大批商业风云人物，比如大家熟悉的"上海三大亨"（杜月笙、黄金荣和张啸林），在此时的上海，他们呼风唤雨，一件件重大历史事件在这里发生。

一、民国时期，民族工商业从官营
　　走向民营

（一）民族工商业发展的新契机

　　1912年2月12日，清宣统帝爱新觉罗·溥仪以清朝朝廷的名义，颁布了退位诏书。这封诏书的颁发，标志着中国历史的一个转折。1912年中华民国成立，民族工商业也以此为契机从官营走向民营，蓬勃发展。以孙中山为首的南京临时政府颁布了一系列振兴民族工商业的政策法令，燃起了民族资本家振兴实业的热情，为民族资本主义的进一步发展提供了历史良机。在政治意识上，已经开始从人治到法治的转变。南京临时政府也开始制定《商业注册章程》《商业银行暂行则例》等保护工商业的法令。

　　撰写清帝退位诏书的人正是清末状元张謇。

　　在中国的科举史上，状元一直是读书人中的佼佼者。但张謇与众不同，他以巨大的实业成就和社会贡献被人们代代传颂。

　　张謇是江苏南通人，在考中状元的第二年就开始投身实业，先后开办了数十家企业，在近代中国历史上具有非常重要的影响。他还倡导教育救国，一生创办了各类学校近400所，涵盖了小学、中学、师范学

图2-1　张謇

校、职业学校和大学等教育阶段。张謇被誉为"中国的大实业家、大教育家"。

张謇家虽世代务农,但他的父亲非常重视教育,尽量为孩子们提供好的学习环境。5岁时,张謇就被送到私塾读书,在兄弟们中表现得最为聪慧。16岁时,他参加南通的州试,结果排在百名以外,先生大为失望,恨铁不成钢地说道:"如果有一千个人考试,录取九百九十九个人,唯一一个不被录取的人可能就是你。"张謇很惭愧,从此以后制定严格的学习计划,勤奋刻苦,顽强不屈,终于在41岁时考取了状元,名震一时。

考取状元后,张謇进入翰林院任职。不久后,甲午中日战争爆发,残酷的现实惊醒了张謇。他认为,要挽救中华民族,唯一的出路就是创办实业,在兴办实业的同时兴办教育。张謇联合上海、南通一带的富商,经过不懈的努力,创办了大生纱厂。纱厂在开办第一年即实现了盈利,此后即使遭遇战乱也依旧盈利,张謇的经商才能得到了广泛的赞誉。此后他又陆续创办了农业、电力、交通、盐业、渔业等方面的企业,大都取得了成功。

秉持"父教育而母实业"的救国理念,张謇拿出大生纱厂的多年盈利,创办了中国近代第一所民间私立师范学校——通州民立师范学校(今南通高等师范学校)。张謇自己生活简朴,在办学上却出手大方,一生创办了近400所各类学校。

张謇为国奔波半生,45岁时才有了儿子张孝若。对于唯一的儿子,张謇寄予厚望,经常教育儿子要自爱自重、勤学立品,告诫儿子要记住"四不",即不说谎、不骄躁、不懒惰、不放纵任性。修好品德的同时,张謇还督促儿子勤奋学习、钻研学问,他说:"如果没有学问,没有技能,如何救亡图存?"

张謇创办中国第一所纺织专业学校,开中国纺织高等教育之先河;首次建立棉纺织原料供应基地,进行棉花改良和推广种植工作;以家乡南通为基地,努力进行发展近代纺织工业的实践,为中国民族纺织业的发展壮大打下了坚实的基础。他一生创办了20多家企业和近400所学校,为中国近代民族工业的兴起以及教育事业的发展做出了巨大贡献,被称为"状元实业家"。

(二)上海商业的发展

20世纪20年代,南京路已被公认为上海的象征,集中了当时远东最豪华的环球大百货公司、电影院、旅馆、酒家等,商业门类十分齐全,应有尽有。南京路不仅是西方时尚传入东方的窗口,也敞开胸怀吸引着八方来客。南京路的出现绝非偶然,对于当下中国的都市商业建设也有现实借鉴意义。

现代大都市需要现代化的购物中心,南京路正是伴随上海从濒海小县向国际化大都市的历史转型发展起来的。开埠以前上海的商业中心在老城厢城隍庙。开埠之后,随着租界的扩大,上海的商业中心迅速向南京路转移,不少百年老店迁出城隍庙,加速了南京路的繁荣和城隍庙的衰落。南京路是一条华洋杂处的商业街,洋商虽然在数量上少于华商,但其所传递的近代经营理念和手法,却在多方面影响着华商。如今的上海市南京路依然摩肩接踵,仿佛展示着自己百年不息的繁华景

图2-2 犹太摄影师Sanzetti摄于1922年上海南京路

象。也恰是在一百年前,这条街上诞生了中国最早的一批百货商场,其中的永安百货至今仍在营业。

外国商店大都十分注重外观,气势宏伟,广厦周延,巍峨的建筑是吸引消费者的重要因素,与华商低矮的商铺形成鲜明的对照。外国商店努力营造良好的购物体验,尽可能便利消费者,店内"柜台、玻璃橱、货架的排列星罗棋布",所有商品摆放在玻璃柜子,便于消费者挑选。外资商店特别注意利用沿街玻璃橱窗展示商品,精心设计,力求达到"路人过目不忘之效"。传统的中国商铺很少有破墙设立橱窗的,商品大都藏于木柜内,消费者与商品被一种陈腐的观念隔开。近代都市商业面对的是日益扩大的消费群,以薄利多销为经销原则。

近代上海的外国百货商店、西药店、洋行经常举行大减价,同时利用近代媒体报纸大量投放广告,强化品牌的知名度,扩大市场影响。中国传统商业虽然也作商品宣传,但投入不足,手法单一,市场影响相对有限。外国商店经营上的理念给南京路带来了新的气象,也影响了华商,商家纷纷斥资在建筑外观、店堂陈列、玻璃橱窗的布置上,模仿洋店,以吸引消费者。例如著名的宝成银楼,层高三楼,为增高楼层,建造了华美的玻璃天幔,立于中庭,"望之甚为动目",一时间南京路天幔流行。在与洋商的竞争中,华商对于广告的作用有着切身感受,同样不惜资本,大量投放,努力突出品牌,经营品牌,通过品牌的影响扩大市场销售份额。

图2-3　宝成银楼

1918年,南京路的商业门类已达数十种,店铺总数300余家,这里的商铺可以货搜全球,买到全世界任何地方出产的适销产品,也集中了国货精华。无所不有的商品既得益于上海与世界上主要商埠的航运联系,也得益于上海齐全的工业门类。事实上，南京路上的许多商铺是工厂的营业所，联系的是上海众多的国货工厂，联系的是世界市场。

当时的上海已成为中国的经济中心、金融中心，上海的主要工业门类纺织、面粉、卷烟、火柴的生产总值均占全国50%以上，这个城市聚集着中国最富有的庞大群体，具有强大的购买力，这是南京路长盛不衰的有力支撑。永安、先施、大新公司在粤港沪均开设总店、分店，但上海先施、上海永安公司的经营业绩始终占据各公司内部的区域第一。

1923年租界华商成立华人纳税会，选举产生工部局华人董事。这些组织和个人以维护华商利益为职责，面对不合理税收、摊派和违反市场原则的政策，进行了有力的斗争，为整顿市场秩序做过不少有益工作，如公平合理仲裁华洋之间、华人之间的商事纠纷，惩处侵犯知识产权等不端行为。政府和社会之间的制衡使上海的市场环境呈现出比较良性的发展状态。

（三）上海百货行业的开拓者

1914年，辛亥革命后的初期，民主意识在民间有了很大程度的觉醒。伴随着民主意识的是民间商业资本的觉醒。辛亥革命之前，清政府长时间的洋务运动已经在某种程度上培养起了商业意识。随着帝制的结束，民间的商业意识蓬勃发展，民营资本开始崛起。当时许多新的商业形式纷纷出现，这不是偶然。"北京的篷尘伦敦的雾，南京路上红木铺马路。"这首童谣说明当时繁华的南京路已是名满天下。商贾云集、店铺林立，上海几乎所有有名的字号都集中在这里。当年，这里正在兴建上海的第一家大型百货公司——先施公司。

1860年，中国百货业的创始人马应彪出生于广东香山的沙涌村。父亲在澳大利亚做苦力，母亲带着他过着贫寒的生活。21岁那年，父亲托人捎回200元，让马应彪前往澳大利亚谋生。

图2-4　马应彪

离开家乡的那一天，马应彪在海边哭别母亲，发誓要挣到2 000元才重回家乡。在辛苦打工九年后，马应彪凭着天生的商业敏感，看中了香蕉生意。终于，他开出了自己的水果铺——永生果栏。水果生意很快让马应彪赚了一大笔，而此时他已经不是当初离开香山时的马应彪，赚足2 000元就回家乡的誓言也成了少年时代的一个回忆。在生意上，马应彪有了更大的野心。

葛涛（上海社会科学院历史研究所研究员）：他想开百货商店。为什么开百货商店呢？因为他在悉尼做生意的时候，和中国城隔了一条路有一间很大的百货公司叫Anthory Holdon。马应彪第一次进去的时候很惊奇，他从来没见过这么大的百货公司，有这么多货，衣服鞋袜一应齐全。这给马应彪留下很深的印象，他就想自己也开一间这样的百货公司。

图2-5　先施公司

自1897年开始，马应彪往返于澳大利亚和中国香港之间，筹办着他理想中的百货公司。三年后，1900年1月8日，中国第一家百货公司先施公司在中国香港开张。多年后，马应彪挥师北上，于1917年创办了上海先施。这是上海滩上第一家百货商店。琳琅满目的商品、新颖的销售方式吸引了无数顾客。开业的第一年，先施的营业额就高达439万元。

马长林（上海市档案馆研究馆员）：作为第一家百货公司，先施可谓开天辟地，创出了很多第一，商品不二价、星期天休息、8小时工作制，在当时的上海滩轰动一时。

除了百货业外，先施公司还兼营其他
行业，服务业有东亚大酒店；工业有汽水
厂、化妆品厂、玻璃厂、铁器厂、皮鞋厂、饼
干厂等；还设有先施人寿保险公司、先施水
火保险公司和先施信托银行。

然而先施一家独大的好日子并没有持
续多久，永安财团的郭家兄弟，也把目光盯
住了上海。

说来也巧，永安郭氏兄弟和先施马应
彪的发迹之路如出一辙。同样是广东香山

图2-6 郭乐

人，同样在澳大利亚做水果生意赚了第一桶金。在马家的香港先施创
办8年后，郭乐和郭泉兄弟也来到中国香港，于1908年创办了香港永安
百货公司。开业后的25年里，资本积累达到600多万元，最后形成了一
个庞大的家族财团——香港永安财团。1916年，永安公司筹资250万
元，在先施公司的对面，开始大兴土木。

1918年，上海永安公司开业，成为一个集商业零售、银行、保险、酒
店、娱乐业为一体的大型百货公司。郭乐虽为永安集团最高决策者，但

图2-7 郭氏兄弟楼

长期坐镇上海,其实是上海永安公司实际管理者。1897年,郭泉应其兄郭乐的要求,移民到悉尼。他从熟悉企业经营管理开始,进而成为永安集团的卓越管理者。郭泉的经营管理能力首先得益于他的学历和工作经历。他比大多数同时代的华侨文化水平要高,也更加了解西方商业社会,因此更有条件学习西方商业领域新的管理技术,再加上本人的勤奋努力,使他在企业经营方面表现卓越。当郭乐为公司制订了雄心勃勃的发展战略后,郭泉便开始为不断成长的公司进行成功的经营管理。

郭氏兄弟办百货公司,是要以经商来救国。早年的华侨企业多为家族企业,永安公司也是如此。不过就规模及影响而言,列居榜首的则要数郭氏兄弟的永安了。郭氏兄弟素以英商企业为楷模,香港永安公司基本上模拟英国的整套商业经营管理制度和方法,这在当时是创新之举。

像马应彪和郭氏兄弟,这些当时已经在香港做大了的资本家,为何会在差不多的时间把目光盯准上海这块土壤呢? 首先,因为辛亥革命后,帝制结束,洋务运动培养起来的商业意识开始觉醒,成为民营资本发展的土壤。民营资本要发展,就需要一块相对平静安定的地区。而这个时候中国政权更迭频繁,南北纷争,战乱频发,而上海的租界就成为一块相对平静的投资地和资金、人才的避难港。因此有眼光的资本家,都看到了上海的这一优势,纷纷来沪发展。

先施公司还在造楼的时候,就跟永安公司开始竞争了。永安公司的

图2-8　永安公司

郭家知道先施公司要造五层楼,他们就决定在对面造六层楼。然后,先施公司在造的过程中,知道了这个消息,就准备再造两层,而且在屋顶上面加了一个塔楼,有三层楼高,叫摩星楼。之后永安公司又听说了先施

公司的方案，他们也临时决定加造一个塔楼，叫绮云楼。1918 年，先施公司开业还不满一年，永安公司就在先施公司的对面开业了。这是南京路上最早的商业大战，公平竞争的意识已经在上海商业的血脉中萌芽。

在上海先施公司开业后的这一年中，郭氏兄弟盯着这里发生的一切。他们一边派人到国外采办洋货；另一边精心物色管理人才。商场经销商品一万多种，其中世界各国的高档商品占 83%。商品之多之全，均在先施公司之上。为了在和先施公司的竞争中取得优势，永安公司还仔细研究顾客的消费心理，考虑良久才决定了商场的布局。永安商场底楼销售日用品；二楼是呢绒绸缎，便于顾客从容挑选；三楼和四楼经营珠宝、钟表、家具等贵重商品，而大件商品可由公司送货上门。这样的布局现在看来十分平常，但在当年却是首创，已经跟现代商场没有太多区别，在一百年前实属不易。

从永安公司当年的许多决策中，已经可以看到现代商业的许多意识。他们在建楼前，就派了两个人去南京路，一个站在路南、一个站在路北，数着过往行人，朝一个麻袋里扔着黄豆。结果南面行人多，郭氏兄弟就决定在南面建楼，就是浙江路跟南京路口这里，这其实就是市场调查的意识。除了做好充分的市场调查，仔细研究顾客的消费心理，永安公司还提出了服务意识。当年永安公司在显眼处高悬了一幅霓虹灯制成的英文标语——"Customers are always right"（顾客永远是对的）。永安公司的宗旨是开店要开得好，要想赚钱，就要让顾客心满意足。所以它当时对员工的教育是：顾客就是上帝。只有顾客满意了，店才能发展好，那么，怎么样让顾客满意呢？服务态度好，服务周到。要有信誉，要让顾客信得过你。

这许多在现代商业中已经不稀奇的观念，在当年上海滩的商业竞争中却有着重大的作用。永安公司开业后，第一天营业额就高达 1 万余元。在接下去的 20 天内，卖完了三个月的库存。

先施公司和永安公司成为上海百货行业的先行者，不久另外两家百货公司也相继开业。

二、民间商业资本的觉醒

（一）四大百货公司立足上海滩

1926年1月23日，先施公司的经理刘锡基和同样从澳大利亚回国的广东香山老乡李敏周，创办了南京路上第三家大型百货公司——新新公司。1929年，一个叫蔡昌的人，凑齐了600万元港元，要在南京路上建起第四家百货公司——大新公司。蔡昌之前正是先施百货的员工。他的哥哥名叫蔡兴，是永安的股东之一。

四个大百货公司的出现，给上海的商业，甚至是全国的商业带来了重大影响。它们的管理制度跟中国老式的铺子不同，都是先在国外发展，在欧美考察过，它们的制度有许多都是欧美商业体系中的制度。四

图2-9　李敏周

大百货公司虽然是家族企业，但都有一个集股的过程，将海外华侨的资金通过入股的形式筹集起来（融资）。这就区别于以往一门一户且自给自足的老式经营，已经有了一个现代企业资本运营模式的雏形。四大百货公司都有着严格而且已经形成章程的企业制度。例如，早上10点开门，晚上6点关门，8个小时工作。到礼拜天就休息。这些制度是写入章程，雷打不动，不能任意变更的。另外，对集团雇用的人有很健全

的人事管理制度,涉及升迁考核等。还有统一的员工福利制度,如理发服务、员工宿舍等。这在当时全中国企业中,甚至是东亚的企业中,都是少见的,可以说是开企业发展的先河。

四大百货公司在上海滩的立足,给上海商业带来了一个崭新的标杆。规则先行的现代企业制度代替了以往小作坊老板一言堂式的经营方式。一个现代企业重要的一环,就是它有着一套被普遍认可的、可遵循的企业制度。这一套制度带来的是可复制,并可迅速扩大的经营规模,如员工培训机制、进货的机制等,对企业内部来说这是可复制的。而对顾客来说,一个好的企业制度带来的是有保障的信誉,而并非老式经营方式下的那种靠经营者自我约束的诚信。相比之下,当然是制度保障比自我约束更值得信赖了。

此外,上海是当时外国侨民最多的中国城市。外侨在上海生活工作的同时,无意中传播了西方的生活方式。受西方女性热爱运动、崇尚健康的观念的影响,上海女性的身体观念逐渐开放。20世纪20年代初,延续多年的女子蓄发、束胸、敷粉等习俗在上海率先遭到批判,客观上推进了上海女性的身体解放,直接促进了女子消费市场。20世纪以后,西方的电话、唱机、照相机、电风扇、汽车等几乎一进入上海就成为富裕阶层的最爱。1922年底,最早登陆中国的数百台收音机一上柜便被争购一空,而当时上海尚未建立广播电台。20世纪20年代末女子健康美、健美论的出现和流行,把女子身体解放运动推向更高的阶段,以健康为美的新观念取代了传统的女子美容观,极大刺激了新的消费需求。女子体育用品、旅游用品、护发用品、玻璃丝袜、吊裙式内衣、健康食品(维生素片、果汁、牛乳等)无不畅销。在新时尚的观念引领下,生活时尚加速嬗变,上海进入了摩登时代。

(二)"上海三大亨"的崛起

19世纪末上海的建设正处于日新月异之时,工商业逐渐云集,高楼大厦也在各国租界内拔地而起,其中尤以南京路最为繁华。煤气路灯、洋式旅馆、电话、电灯、有轨电车、无轨电车以及自来水等逐渐出现在南京路上。地处水陆交通要道的十六铺一带也十分繁华。太古、怡

图2-10　黄金荣

和、招商、宁绍等中外轮船公司在这里都设有码头。各大码头附近,店铺林立,各地商贾熙熙攘攘,川流不息。上海滩上,尤其是租界里,每夜歌舞升平,霓虹闪烁,靡靡之音充斥着每个角落。洋老爷们和清廷的权贵挥金如土,将上海变成了一个不夜城。

黄金荣、杜月笙与张啸林,在当年上海滩叱咤风云,皆为一时人物,而其中排名第一位的就是黄金荣。黄金荣(1868—1953年),祖籍浙江余姚,生于江苏苏州,在旧上海的很多行当中都声名赫赫,也是上海"青帮"的一号头目。而后的杜月笙,更是在黄金荣的栽培下成长。虽然很多人看到的黄金荣形象似乎是一个打打杀杀的胖子,但其实,黄金荣不仅情商很高,其商业嗅觉也十分灵敏,可以说当时的上海滩什么行当赚钱,就一定会有黄金荣的身影。对于一些行当,如妓院、赌场、鸦片,更是来者不拒。

1917年,上海富商黄楚九开设号称为"远东第一俱乐部"的上海大世界。这个俱乐部占地1.4万多平方米,如同我们现在的商业城,影院、剧场、书院、杂耍、商场、餐厅等一应俱全。上海大世界中的露天场地还摆放着高空飞船,剧场中则是白天放映电影,晚上上演戏剧。商场中洋装、旗袍、长衫、西装一应俱全,自老到少,一网打尽。大世界也成了日日游客如云,闻名遐迩的销金窟。

如此赚钱的大世界自然就会被各方势力看作是一块大蛋糕,黄金荣灵敏的商业嗅觉自然也发现了。靠着自己巡捕房督探长以及青帮老大的身份,玩起黑帮手法,通过威逼利诱等手段想霸占大世界。最终,黄楚九无法敌过黄金荣,不得不把大世界转让给了黄金荣,紧接着,黄金荣又用两担米的价格迫使大世界旁边一家姓叶的杂货店主搬走,扩充了大世界的场地。

1934年9月10日,在大世界的基础上,黄金荣出资重建的荣记大舞台盛大开张了,他特别邀请了众多社会名流和帮会大亨们前来捧场。另外,还专门请来梅兰芳、马连良率叶盛兰、京韶山等京剧名角来演揭幕戏。一时,上海滩都称赞这是珠联璧合的好戏,千载难逢的机会。

1937年,全面抗日战争爆发,黄金荣留在上海,以生病为借口闭门不出,拒绝出任伪职,尚有一定的骨气。全面抗日战争胜利后,黄金荣曾组织"荣社",成为国民党维持上海统治的基础力量,但是权势衰退后其地位被杜月笙所代替。

新中国成立前夕,黄金荣的儿媳李志清席卷了黄金荣的金银珠宝离开上海前往香港,后又到了台湾。有人劝黄金荣到香港去,但"以不变应万变"是他的处世信条,反正来日无多,听天由命,82岁的黄金荣最终还是留了下来。黄金荣心里明白,自己已是80多岁的人了,他对人说:"我已经是快进棺材的人了,我一生在上海,尸骨不想抛在外乡。"

新中国成立之后,鉴于黄金荣本人虽罪恶累累,但尚能在报上公开检讨自己的罪行,政府给予了宽大处理,因年老多病留居上海,还允许黄金荣照常经营他的产业,如大世界、黄金大戏院、荣金大戏院等,每月都有一笔不菲的收入。1953年5月10日,黄金荣病死于上海,终年87岁。

张啸林(1877—1940年),浙江慈溪人,旧上海青帮头目。张啸林曾与英租界华人头领合作得罪了黄金荣,杜月笙巧为设计,不但让张啸林投靠到黄金荣这边,还壮大了张啸林的力量。杜月笙的谨慎加上张啸林的胆大,使得他们的生意越来越好。其后黄金荣又在不知情的情况下把上海督军卢永祥的公子给打了,卢永祥一怒之下把黄金荣抓了起来。杜月笙与张啸林随后打通卢永祥的关系,不但救出了黄金荣,还结识了上海及周边的一批军阀官僚,结果大家一起合伙做鸦片生意,由此,黄金荣也与杜月笙、张啸林二人拜为把兄弟。并称"上海三大亨"。

1920年,张啸林与杜月笙、黄金荣合股开设三鑫公司,1932年,张啸林出任上海华商纱布交易所监事。抗战爆发后,指使徒众组织"新亚和平促进会",收购军需物资,大发国难财。上海沦陷后,张啸林公开投

图2-11　张啸林

图2-12　杜月笙、张啸林、黄金荣合影

敌,沦为汉奸。张啸林布置门徒,胁迫各行各业与日本人"共存共荣",大肆镇压抗日救亡活动,捕杀爱国志士。又以新亚和平促进会会长的名义,派人去外地为日军收购粮食、棉花、煤炭、药品,强行压价甚至武装劫夺,还趁机招兵买马,广收门徒。1940年8月14日,张啸林被贴身保镖林怀部击毙于上海张公馆。

不过三人虽同为上海有名之人,但脾性却不同,黄金荣爱钱,张啸林善打,杜月笙会做人。尤其是杜月笙,老早的上海人呼其为"杜先生",尊崇之情可想而知。杜月笙被称为"青帮三百年来之第一号人物"。

(三)三鑫公司的四重利润

杜月笙(1888—1951年),是黄金荣的得意弟子,号月笙,江苏川沙(今上海浦东新区)人,杜月笙从小父母双亡,先后由自己的继母、舅父抚养长大。14岁时到上海十六铺当水果行的学徒。后来进入当时为青帮上海龙头的黄金荣公馆,在赌场充当打手,给黄金荣做跟班,深得黄金荣的老婆林桂生的欢心,而且多次为黄金荣出谋划策,很快成为备受黄金荣青睐的谋士和心腹干将。杜月笙得到黄金荣的信任,负责经营法租界的赌场"公兴俱乐部"。为了自立门户,他暗中用心准备,静等机会。正当他顺风顺水时,一个大机会又摆在面前,他毅然决然地决定以公司化运作方式,开始经营烟土生意。十余年的黄门奋斗,而立之年

图2-13　杜月笙

的杜月笙,成长为上海滩声名鹊起的新星人物。

杜月笙虽出自黄门,却与黄金荣有很大的区别。他善于揣摩人意,能用不同的手法对待不同性格的人。从政府要员、社会名流到失意的官僚、政客和文人,他都愿意结交。他不像黄金荣目光短浅,见钱眼开,而是出手大方,自己又不乱花钱。他有一句名言:"花一文钱要能收到十文钱的效果,才是花钱的能手。"凡他认为日后用得着的人,只要有求于他,他从不推托。他还热衷于慈善,充当"善士",以求名利双收。

1925年7月,杜月笙以情说动师母林桂生,收下师母的馈赠,解决了自己的原始股本问题。不久之后,他便成立了三鑫公司,专做烟土买卖。他与好兄弟金廷荪协作,一个主外,一个主内。不过公司运营管理的大多数事务还是杜月笙做主掌控,金廷荪主抓财务。曾经的上海滩街头小混混,经过打拼历练,在那个时局混乱、国衰世乱的社会,成长为一个大公司的掌舵人,足见杜月笙的本事非比寻常。三鑫公司的生意异常火爆,收

图2-14　林桂生

入富可敌国,成立的第一年,那时中国财政总收入仅3.45亿银元,而三鑫公司当年的营业收入便达到6 000余万银元,实力之强,可见一斑。

杜月笙的三鑫公司开始逐步垄断法租界的鸦片提运。三鑫公司在烟土生意上面做足了文章,如同嚼甘蔗杆,必须榨出每一滴甜汁来。总体来说,三鑫公司共有四重利润。

一重利:收取烟土商的保险费。三鑫公司所经营的鸦片包括波斯土、川土、云土等。无论这些烟土从何处登陆上海滩,都受到当时上海的地方警察、军阀军队、租界巡捕的一路保护,他们分工协作,各有自己的保护路段,直至这些鸦片烟安全进入三鑫公司的仓库。入库后,这些货由公司盖上条戳,还有法租界巡捕房开出的盖有戳记的收条。烟土

分销商们付给三鑫公司鸦片总值的10%作为保险费。这笔费用缴纳之后，无论是在押运过程中，还是库存期间，如果发生被劫和被盗等损失，都由三鑫公司承担并照价赔偿。被劫或被盗的事情，从未发生过，因为押运过程戒备森严，即使是入库之后，三鑫公司的安保也是一流的：它的正门口设有铁栅栏，里外共三道，有岗哨和巡捕昼夜值勤，包括公司在法租界杜美路的大型仓库，每一处仓库的安保人员都在50人左右，装备精良，并配有德国特产的烈性犬，可以说是固若金汤。

二重利：垄断鸦片贸易。三鑫公司与法租界当局协商规定，凡法租界内销售的烟土，都必须贴上三鑫公司的"三鑫"印花标志，否则不得出售。这其实就是三鑫公司代法租界当局收的印花税，亦是一种变相的鸦片公卖。只需让出极小的一部分利润，就可以得到法租界当局和帮会势力的双重保护，烟土商们对此当然乐于接受。并且这份印花标志，也同样成为质量上乘的印记，对烟土分销商们来说，这便是高价销售的一重保障。

三重利：直接参与鸦片贩卖。三鑫公司在运作仅仅一年后，便将"潮帮烟土商八大家"和"青帮两大家"都拉进来。数年后，更是扩大到21家，加之上万家烟馆和零售烟土行，共同组成一个庞大的鸦片销售集团。三鑫公司将中外鸦片批发给法租界里的烟土行，以获得更大利润。拥有得天独厚的官方背景和经济实力，三鑫公司既能保运，又能批发，更能直销。而且它还代为销售各军阀的鸦片，收获颇丰。

四重利：收取烟枪捐，即一种特别营业税。20世纪初，法租界就有大小烟馆至少6 000多家，这些烟馆都要向三鑫公司缴纳烟枪捐，只要缴纳了这笔费用，在遇到流氓和巡捕骚扰滋事时，都会得到三鑫公司的保护，三鑫公司在这些烟馆附近都设有联络点，以便出现意外的砸场事件时，他们能够赶到事发地点，快速处理事件，保障烟馆正常经营。

这四重利润是三鑫公司看得见的进账收益，这些利润足以使公司经济实力盖过上海任何一家企业，但事实上对于杜月笙个人来说，三鑫公司还有一重最大的收益：积聚商业人脉。杜月笙通过三鑫公司结交了许多达官贵人、各界精英。人聚财来，越是人脉广，杜月笙的各种生意越做得风生水起，他的势头，渐渐盖过了师父黄金荣。当杜月笙在社会上渐有名声后，便开始结交政界人物，力求进入上层社会。同时，他着手经营银行、工厂等企业，包括中汇银行，而不像黄金荣那样仅局限于几家戏院、游乐场。为了跻身于上流社会，他从衣着打扮乃至一举一动都变得文质彬彬，一改过去口叼烟卷、头戴歪帽、趿拉皮鞋、赤膊短衫的粗野形象，甚至大热天在家会客，也都穿长衫马褂。他不仅自己如此，还要求徒子和徒孙也一定做到。他喜欢别人称他"先生"，而不愿像黄金荣一样被叫作"老板"。他的徒子徒孙多达近两千人。

图2-15 烟馆旧照

图2-16 三鑫公司旧址

（四）青帮势力对工商企业的渗透

20世纪二三十年代的上海，是远东的金融中心，除外滩遍布外国、外商的银行外，外滩至江西路一带还有大大小小的华商银行100多家，中汇银行就是其中的一家。中汇银行不大，但在上海滩上却很有名，原因在于它的老板是上海闻人杜月笙。

1927年4月，杜月笙与黄金荣、张啸林组织中华共进会。1929年，杜月笙任公董局华董，这是华人在法租界最高的位置。1929年，杜月笙创办中汇银行，涉足上海金融业。杜月笙创办的中汇银行，注册资本50万元，实收25万元，规模并不太大。1935年行政院副院长、财政部长、中央银行总裁孔祥熙，宣布接管中国银行和交通银行，后又兼并有发钞权的中国实业银行、四明银行和中国通商银行。1936年，中汇银行与江浙银行合并，钱新之、唐寿民、陈光甫、吴启鼎、吴蕴斋等银行界巨擘均为中汇银行董事。中汇大楼是由杜月笙开办的中汇银行所在地，于1934年9月建成。

在银行业八面玲珑之外，杜月笙也涉足其他实业。1931年，杜月笙打进大达轮船公司。此公司原系清末著名实业家张謇于1904年所创立，垄断上海至苏北航线达24年，拥有4条江轮，总吨位在4 000吨以上，为内河航运业巨擘。然而1925年张謇去世，其弟张詧因支持北洋军阀而政治处境不佳，从此一蹶不振。穷途末路之际，杜

图2-17　中汇大厦

月笙大量购进大达公司股票，乘机成为该公司股东。此后迭兴事端，终由杜氏任董事长，一掌大权。

拿下大达轮船公司之后，杜月笙开始在航运业发展，实行所谓"产运制销"，运送货物至苏北，同时在苏北收

图2-18 中汇银行的旧址如今是优秀历史建筑

购小麦，就地制作面粉，运回上海销售，如此可不跑空船，两头获利。其中，杜月笙也与上海人称"阿德哥"的虞洽卿明争暗斗。虞氏亦为上海滩头面人物，有"赤脚财神"之称，旗下三北公司势力颇大，此外还有同乡开办的平安、达兴等公司助阵。三北、达兴公司本欲联名申请航行苏北线，但上海航政局长吴颙在杜月笙要求下拒发许可证。虞洽卿遂向交通部长俞飞鹏申诉，结果碰壁，得了个"各航线暂维现状，不得变更"的指示。而事实上，苏北航线仅限制其他公司，杜月笙控制的大达公司却是例外。两派互生事端，最终在航运界调停下，达兴分到上海至海门、启东的北沙航线，三北公司的永嘉轮由大达大通联合办事处租用，行驶苏北线，至此这段杜虞之争才告消歇。1936年，杜氏更当选为全国船联会理事长，可算是执航运界牛耳了。

就这样，在不到10年时间里，杜月笙便超过了老资格的黄金荣而红极上海滩。到抗战胜利后，他的触角已伸到银行界、实业界。不仅自办中汇银行、通商银行，还极力在各个工商企业中渗透势力，先后当上了70多家工厂、商家的董事长、理事长，还挂了200多个董事和理事的头衔。

三、上海商业的兴旺与繁华

（一）"龙虎人丹"掀起上海药商行业发展的序幕

上海现代商业的基因中,守规矩、重信誉是一个重要的特质。早在一百年前,四大百货公司在上海滩立足之时,这一基因就已经被深植于血脉之中。

旧时的上海滩,人人都知道黄金荣、杜月笙、张啸林这"青帮三大亨",而还有一位亦正亦邪的大佬黄楚九,也是广为人知。在那时的上海滩,黄楚九是一个大名鼎鼎的人物。他其实是黄金荣远房的堂兄弟,堪称一位另类的大亨,不仅对于军阀不买账,也不待见所谓的江湖大腕儿、青帮大亨黄金荣。黄楚九算是庙堂与江湖之间的两栖人物,是中国西药业的先驱,也是中国娱乐业的先驱。黄楚九又名黄承干,浙江余姚人,祖上是明末清初思想家和史学家黄宗羲的后代,黄楚九早年的时候跟着自己的母亲学习中医眼科医术,祖辈行医,父亲是远近闻名的眼科医生。15岁那年,父亲因病去世。一年后,庶出的黄楚九母子被大太太赶出了家门。在当年,黄楚九的生意做得很大,开戏院,办游乐场,做房地产,然而他最早发家是靠开药房。后来在自己小有所成的时

图2-19　黄楚九

候，来到了上海，想要一展自己的医术，当时的他来到上海什么都没有，只有一本祖传的药书。

16岁的黄楚九初到上海，在城隍庙的春风得意楼前，摆起了药摊，按着书里药谱，卖起了药丸。当年上海城隍庙是人流量最大的地方，黄楚九还是很有眼光的，他的药摊就摆在这里。黄楚九向一位富豪借了5万元，开了第一家中法大药房，中西结合。在他32岁的时候，终于推出自己的产品"艾罗布脑汁"。此产品一出，就吸引了大批的顾客，并且黄楚九也充分利用营销手段和人们的心理，说产品可以去百病，长智慧，于是他开始了日进斗金之路。

此时，当年背井离乡、孑然一身的贫苦少年成了上海滩人人羡慕的黄老板。然而配方做药这个老本行，黄老板却没搁下。凭借着多年实践的根基，黄楚九参考了中国古方"诸葛行军散"，以薄荷、冰片、丁香、儿茶、砂仁等十余味芳香健胃药为主要成分，做成比绿豆还小的人丹，起名为龙虎人丹。1911年7月，中法大药房的龙虎人丹上市了。创建之初，定名为"龙虎公司"，开设在上海三马路（今汉口路）小花园附近。龙虎商标十分醒目，左边是腾飞的龙，右边是呼啸的虎，气概不凡。不久，龙虎人丹就打开了市场，8年内，销量翻了22倍。1915年8月，因龙虎公司经营不善，黄楚九将公司作价4万元，一次整体转让给由陆费逵创办的中华书局。中华书局在接盘后，随即将原龙虎公司改名为"中华制药公司"，并于1916年年初，正式开始批量生产"龙虎"牌人丹。

陆费逵（1886—1941年），生于陕西汉中。中国近代著名教育家、出版家，中华书局创办人，陆费墀后裔。1904年开办书店，1912年创办中华书局，任局长、总经理，主持业务达30年。他创办中华书局后，提出了"用教科书革命"和"完全华商自办"两个口号。新编的《中华教科书》既满足了当时教育改革的需要，也为中华书局日后的发展奠定了基础。20世纪30年代，上海滩上曾有人将陆费逵和爱迪生、高尔基、叶

图2-20　陆费逵

澄衷、杨斯盛相提并论,认为是自学成材的典范。

1912年8月,由于中华书局出版等业务繁忙,陆费逵等书局领导无暇顾及制药公司的业务,再加上市场上大量日货倾销,国内同行业竞争激烈。于是,中华书局便将中华制药公司的产业、商标和原材料等核价2万元,重新回盘转让给中法大药房的黄楚九。黄楚九接手后,继续沿用中华制药公司的企业名称。中华制药公司是我国第一家由民族资本投资创办的制药企业。因中华制药公司的创立,完全改变了过去洋药独霸中国药品市场的局面。此后,国内民族资本制药企业纷纷崛起,初步形成了一支与洋商抗衡的中坚力量。多年来,该公司生产的"龙虎"牌人丹、清凉油等一直是国内市场上的名牌产品。

黄楚九出于对发展我国民族制药工业的强烈愿望,大力提倡国货品牌的精神,采取了积极的对策,包括大做产品广告、放账赊销、延长结账和降低售价、扩大批发与零售价格的差距等多种开拓市场销售的措施,从而最终使"龙虎"牌人丹在市场上站稳脚跟,有了立足之地。然而,1916年的一天,黄楚九却被人告了。告状的是日本东亚公司,他们认为黄楚九的"龙虎"牌人丹是冒牌货,侵犯了他们公司的翘胡子仁丹的销售利益。翘胡子仁丹是日商东亚公司的产品,自1905年起长期垄断着中国市场,每年要从中国人手里赚取十几万两银元。这场商标官司一直上诉至北洋政府大理院(相当于现在最高人民法院),前前后后一共拖了近10年的时间。面对日本商人的挑衅,黄楚九更发誓要把这出对台戏唱到底,因为他争的不仅是市场份额,更是民族骨气。

在这期间,"五四"运动爆发,一场"使用国货,抵制日货"的爱国运动在全国兴起,各地爱国民众上街收缴日货,当场予以销毁。在这样的情况下,"龙虎"牌人丹被日商控告案开始向有利于中华制药公司方面转化。最后,法院以"龙虎"牌人丹胜诉而结案。在诉讼期间,中华制药公司利用这一涉外诉讼,通过报纸大做宣传文章,就这样,"龙虎"牌人丹变得家喻户晓,一举成为普通家庭的常备药品。

1923年5月,北洋政府农商部商标局正式成立。中华制药公司深知商标在市场销售中的重要性,便派人到商标局将"龙虎"牌两字申请商标注册,并取得第335号"商标局商标注册证"。从此"龙虎"牌人

丹正式受到国家商标法律
的保护。1930年1月,由
于"龙虎"牌人丹品质精
良,价廉物美,还获得国民
政府工商部的褒奖。1937
年7月全面抗战爆发后,
中华制药公司响应政府号
召,内迁西南重庆。抗战
胜利后,公司为扩大生产

图2-21 "龙虎"牌人丹

规模,而改组成立"中华制药股份有限公司"。1954年,公司进行公私
合营,并正式改名为"中华制药厂"。之后,天一、哈巴特、永星、华英等
制药厂先后并入该厂。20世纪50年代末,该厂扩大生产"龙虎"牌清
凉油、薄荷锭等新产品,均广受消费者的欢迎。

　　在当年的工商界,黄楚九可谓广告宣传的大玩家和大赢家。他采
取了三项对策:降低售价、允许赊账和大做广告,无孔不入、一掷千金,
中法大药房每年的广告费用高达总成本的28%。黄楚九认为,如果要
生产一个产品,一定要考虑怎么样把它造成一个名牌,怎么样来促销,
他都有一套深思熟虑的方法,怎么样来创造名牌,在促销的过程中,他
愿意花很多钱进行营销。

 　朱荫贵(复旦大学历史系教授、博士生导师):黄楚九有些广告
　手段在当时令人咋舌。他曾推出了一款新药叫"百龄机",他竟
　然雇了飞机,在闹市区撒传单,传单做得像明信片,上面写着"百
　龄机",确有意想不到的效果。当时非常轰动,许多人疯抢,从来没
　有人见过这种广告模式。"百龄机"的知名度一夜之间就打开了。

　　在今天,品牌拥有重要的价值,然而在一百年前的中国,并不是人
人都意识到品牌的重要性。黄楚九显然是一个特例,他清楚地意识到
品牌的价值,也不遗余力、不吝金钱地予以推广。在当年的上海,黄楚
九的巨幅广告灯彻夜闪烁。之所以愿意花许多钱去做广告,是因为他

清楚广告宣传会给他带来巨大的经济效益。在商业社会中,广告很重要,但当时知道的人并不多,黄楚九不光知道,还身体力行地去实践。

(二)上海商业法制意识的觉醒

在被翘胡子仁丹告上法庭之后,黄楚九在广告界准备了另一个战场。各大报刊,车站、码头、铁路沿线,凡是有翘胡子仁丹广告的地方,都可以看到尺寸更大的龙虎人丹的宣传广告。黄楚九砸下大量的金钱,一边打官司,另一边将龙虎人丹的品牌影响力推向全国。

当时有许多人劝黄楚九,不要跟日本人继续打官司了,反正手头生意大得很,放弃人丹这一块,并不影响什么,反而是陷在官司的泥塘里,钱不停在花,精力不停在投入,不知道什么时候是个了结。也有人劝他收手,是为了自身的安全。当时日本人非常强势,黄楚九有个好朋友叫夏瑞芳,是商务印书馆的创始人。当时商务印书馆有日本人的股份,后来经过夏瑞芳两年多的谈判,以高价收回了全部日股。1914年1月10日,上海各大报纸报道了这条新闻。当天,夏瑞芳和黄楚九相约晚上在大雅楼菜馆好好庆祝一下,但是黄楚九没有等到夏瑞芳。傍晚时分,夏瑞芳刚走出印书馆大楼,就突然被子弹击中,倒地身亡。死的时候才43岁。这对黄楚九其实是一个前车之鉴,很有可能在跟日本人斗争的过程中,会重蹈夏瑞芳的覆辙,丢了性命。然而黄楚九并没有听从众人的劝说,他发誓要把这出对台戏唱到底。

夏瑞芳(1871—1914年),江苏青浦(今上海市青浦区)人,1897年集资在上海创办商务印书馆,出任经理。成为中国近代出版业中历史最悠久的出版机构。1914年1月6日达成协议,收回日股,从此商务印书馆成为中国民族资本的文化企业。1914年1月10日被陈其美派遣的刺客暗杀身亡。

黄楚九下定决心要把这场官司打到底,跟当时的时代背景,辛亥革命后中国民众的民主意识的觉醒以及法制意识的进步

图2-22　夏瑞芳

也有关系。像黄楚九等部分眼界比较开阔的商人，在政治意识上已经有了一个从"人治"到"法治"的转变。1912年9月，《中华民国律师暂行章程》颁布。同年12月8日，上海律师公会成立。这两件事情标志着中国的民主法治有了巨大的进步。而在商业领域，出现矛盾纷争也由双方私下协商、邀人评判，甚至请帮会"摆平"，发展到了在法庭上解决。

在有关商业的立法方面，1912年，南京临时政府就制定了《商业注册章程》《商业银行暂行则例》等保护工商业的法令。而到了1929年，国民党政府将民法和商法编订为统一法典，通常属于商法总则的经理人及代办商、商行为之交互计算、行纪、仓库、运送营业及承揽运送等项均并入债编。此外还制定了公司法、票据法、海商法、保险法、破产法、银行法、交易所法、合作社法等商事法规。

从20世纪初到20世纪30年代这段时间里，在商业法律条规的制定上都有很大的发展，行业相关的法律和规范的建立，让商业方面的矛盾纠纷有法可依。而律师行业的兴盛，也为商家在法庭上解决纠纷提供了便利。当时在上海，律师公会里有很多律师，许多大律师都有自己的事务所，上海滩上的许多大亨甚至有自己的专职律师和法务，所以，打官司对当时的有钱人来说，并不是一件十分麻烦的事情。

（三）上海娱乐业的繁华世界

1. 国产电影的市场——金城大戏院

上海市北京东路780号有一幢老房子，在这个路口已经伫立了80多年，建于1934年。刚建成的时候，它的名字是"金城大戏院"。金城大戏院老板柳中浩在1934年自筹资金在上海建办了金城大戏院，后又盖金都大戏院。1938年，成立了国华影片公司。

金城大戏院建成那年的夏天，上海遭遇了60年不遇的酷暑，然而奇怪的是，当年的上海人依然排着长队来这里看一部电影。1934年6月14日，电影《渔光曲》在金城大戏院首映，该片连映84天，国产电影第一次创下了票房神话。1934年的夏天特别热，6月份已经快40度的高温，但是《渔光曲》上映的那几个月，许多人蜂拥而来，坐在没有空调

图 2-23　金城大戏院

图 2-24　金城大戏院的营业广告

的金城大戏院观看。还有许多人买不到票,徘徊在电影院门外。当时街头巷尾都在谈论这部电影,几个月前刚建成的金城大戏院也一夜之间打响了名声。《渔光曲》的主人公徐福是一个贫苦的渔民,他是大船户何仁斋的佃农,他和妻子养育了一儿一女小猴和小猫。一天,徐福出海不幸身亡,徐妻只能离开孩子到何家当奶妈,很多年后,小猴和小猫也以捕鱼为生了。

看着这红火的票房,老板柳中浩十分高兴,他自己也没想到这部国产电影会那么成功。当时上海的大光明、国泰等一线电影院被好莱坞的八大公司所垄断，日夜上演着美国大片，把中国电影拒之门外。但是到了20世纪30年代，尤其是在1932年"一·二八事变"之后，上海人民的反战情绪高涨，对于外国的东西，尤其是文化产品有一定的抵制情绪，这个时候国产电影的市场就来了。

1934年国难当头，全民的抗战情绪高涨，上海的左翼电影赢得了大批观众。国产电影的崛起使柳中浩看到了国产片的巨大市场。而大光明这一类外资影院只放好莱坞电影，上海还没有一家专放国产电影的一流影院，柳中浩抓住了这样一个市场空缺，很快确定了金城大戏院的经营宗旨。

金城大戏院的宗旨就是头轮只演中国片，当时很多的中国电影制片厂都争着要到金城大戏院来。像金城大戏院这样专营国产片的影院，对民族影业的繁荣起到了一个非常积极的推动作用。金城大戏院很快和当时上海的三大制片公司——明星、联华、天一达成了放片协议，成为放映三大公司影片的首轮影院。自1934年开始，数十部堪称经典的中国电影在金城大戏院首映。经过柳中浩的一番苦心经营，《新女性》《风云儿女》《夜半歌声》都创下了很高的票房纪录。金城大戏院几乎成了国产电影的代名词，专放国产电影，柳中浩这一独辟蹊径的创举获得了空前的成功。在许多人的印象中，20世纪30年代的上海滩，是一个夜夜笙歌的地方，只要有钱，就能买到全世界各地的商品，就能享受最贴心的服务。娱乐业和服务行业，已经成为上海商业中不可或缺的一环。

对于商业来说，发展到一个相对成熟的阶段，聚拢了人气之后，一定是娱乐业和服务业的全面繁荣，所以

图2-25　1946年跑马厅

在上海,到了20世纪30年代的时候,像电影院、舞厅、跑马场等地方的生意都十分兴盛。

2. 娱乐新地标——上海百乐门舞厅

"月明星稀,灯光如练。何处寄足,高楼广寒。非敢作遨游之梦,吾爱此天上人间。"这是1932年上海百乐门舞厅刚刚建成时,上海滩传诵一时的诗句,字里行间流露着老上海人对百乐门的喜爱。1932年,中国商人顾联承投资70万两白银,购静安寺地块营建Paramount Hall,并以谐音取名"百乐门"。1933年开张典礼上,时任国民党政府上海市市长的吴铁城出席并发表祝词。

百乐门在开业之后的很短一段时间内就成为上海一个地标性的娱乐场所,许多上海滩上的著名人士都是那里的常客。当年陈香梅与陈纳德的订婚仪式就在百乐门举行,卓别林夫妇访问上海时也曾慕名而来。而当时张学良每次来上海,百乐门也是他必去的地方。

事实上,像金城大戏院、百乐门这样的娱乐场所,在当年的上海比比皆是。就连四大百货公司的百货行业,也未能免俗,要在商场中设置专门供人娱乐的场所,来聚拢客流,增加人气。当时先施公司有先施乐园和屋顶花园,永安有永安剧场和天韵楼茶室。永安还开设了上海第一家对外营业的舞厅——大东跳舞场,还开张了上海最早的旱冰场——永安跑冰场。

图 2-26　百乐门

图2-27　百乐门旧照

图2-28　百乐门新照

3. 包罗万象的大世界

一些已经在上海滩上发迹的大老板,也看到了娱乐业这一行,比如已经靠制药业成功了的黄楚九。黄楚九是上海滩中比较早涉足娱乐行业的,他的眼光很准,在1917年的时候就创办了一个包罗万象的游乐场——大世界。

黄楚九的大世界高四层,面积1.47万平方米,每天接纳观众2万多人次,其中有戏曲、游艺、杂耍,包罗万象、雅俗共赏。"大千世界、无奇不有",这是黄楚九把它称为"大世界"的创意。大世界一进门就是哈哈镜。一进门大家就是嘻嘻哈哈,笑一番,就进去了。大世界的房子盖得非常好,特别是建有天桥,通过二层楼和三层楼都可以走,桥与桥交叉,进去之后如同宫殿一样。当中有个空地,叫中央广场,可以在广场上表演杂技等。里面一共四层楼,每层楼有三到四个剧场,每个剧场座位不多,但每层楼外面都有条很宽的走廊,座位坐满了,坐不下的人可以在旁边站着看。

大世界里面有京戏,有沪剧,有越剧,有文明戏,还有滑稽戏,有吃

图2-29　大世界早期图像

图2-30　大世界的文明戏

有喝,有饭店,有跳舞厅,还有杂技,可以玩的东西都有了,进去之后就各取所需,花两毛钱可以玩上一天。每天,从京、昆、越、沪等各种戏剧,到口技、大鼓、单弦等各种曲艺,大世界的文化娱乐项目有60多种,表演的艺人高达1 000多人,而来游玩的顾客每天则有几万人。黄楚九是一个非常聪明的人,已经有做服务的意识。他的大世界已经有了现代的游乐场和购物中心的雏形,并且意识到提供服务,给顾客更多自由选

图2-31　民国时期商业区的车水马龙

图 2-32   民国时期夜晚的大上海

择的空间是商业发展的一个方向。

1937年，此时距辛亥革命已经过去25年。这25年中，虽然中国政权更迭频繁，南北纷争，战乱频发，然而上海的商业却一天比一天繁荣了起来。20世纪30年代的上海是一个了不起的地方，能在这里买到世界各地的商品。全国第一个自动扶梯载人上下，冷暖空调调节温度。百乐门夜夜笙歌，大世界天天客满。出版业有商务印书馆、中华书局两大巨头，电影业有国华、新华、艺华等影业公司。

（四）冠生园开创了上海食品业生产销售一条龙的先河

冼冠生是冠生园的创始人，原名冼柄生，祖籍广东南海西樵，出生于广东佛山。1903年，仅16岁的冼柄生只身漂泊到上海当学徒，从叫卖蜜饯、干果、瓜子等零食起家。1915年，冼柄生开了一家自产自销糖果、蜜饯和各类糕点的食品店。在停业、开业达七八次后，终于在南京路的易安茶社旁开了一个叫陶陶居的食品小店，并将自己的名字改为冼冠生。1918年，就在陶陶居刚刚有起色时，却遭到灭顶之灾，永安公司要在这里建大楼并吞没了这块地皮。陶陶居只好搬到上海南市，另起了个名字，他以自己的名字命名为冠生园。冼冠生从早年在上海老城厢九亩地戏院门口的一个小商贩，到成为上海旧时四大食品公司之一冠生园的总经理，这期间只用了短短10年。

冠生园从无到有，不断壮大，冼冠生在生产、经营、管理、营销各方面都做出了自己的贡献，体现了卓越的企业经营才干。除了在上海发展，还把企业向外埠发展，不仅使自己的企业获得了巨大成功，也为内地的近代食品工业发展奠定了基础，终于成为一个在全国首屈一指的食品企业，其"以民为本"的思想正是他成功的原因所在。

图2-33　冼冠生

冠生园创建于1915年，至今已有100多年的历史。冠生园是中国民族工业的名牌老字号企业。主要生产和经营糖果、蜂制品、酒类、面制品、味精、冷冻食品、保健食品、生物医药、休闲食品等近20个系列的上千个品种。1928年，冼冠生沿长江而上，到南京、武汉、成都等地开设

图2-34　上海冠生园

了十几家分店，这些分店无论是经营的产品还是经营理念，均沿袭总店的策略。在各分店所在地设立食品厂，在上海开辟有农场，在杭州种有大片梅林，作为梅子的原料，成为我国食品行业中产销结合、工商一体、名列前茅的大型企业。虽然经营规模不断扩大，但冼冠生自己的生活非常节俭，从不涉足歌厅和舞场，只喜欢看京戏。

对公司，冼冠生倾全力经营，食宿均同职工在一起，每天必到工厂督导生产，他根据以往的从商经验提出了一个三本主义，作为冠生园的经营指导方针：本心，事业心和责任心；本领，经营管理和业务水平；本钱，资本和资金，要求开源节流，积累充足资金，以利于企业发展。他很会向同行借鉴经验，1933年他率各部门负责人到日本参观访问，得到启发，回国后制出了杏华软糖、鱼皮花生等产品，他还雇佣外国技师制作了果酱夹心糖，这些产品在我国都是首创。

冼冠生很重视广告宣传，没用几年时间就取得了巨大的成功。冠生园成了上海滩上一个响当当的名字。公司还特意请来电影明星胡蝶拍摄月饼广告，并在大世界制成月饼广告大牌坊，扩大产品销路。冼冠生看到美国沙利文饼干和日本糖果在上海食品市场上称霸，就想与之较量较量。但当时冠生园刚成立不久，各方面条件还不是很好，自忖也不是外商对手，想来想去，想出了用做月饼的方法来生产饼干。在两层薄薄的面粉皮子当中，夹进碾碎的花生、芝麻、核桃仁和葡萄干等，然后烘干成了夹心饼干。拿到各门市部试销，居然大受消费者欢迎。夹心饼干试制成功后，冼冠生又用同样的办法，制作果酱夹心糖。但糖不比面粉，容易稀化。他经过多次实验，终于把饴糖调整到一个适当的比例，不仅稀化的问题解决了，而且做出来的果酱夹心糖不粘纸留手，同样受到了消费者的欢迎。冠生园的夹心饼干和果酱夹心糖在市场上供不应求，严重影响了沙利文和日商的经济利益。于是沙利文和日本糖果商不约而同地刺探起冠生园的生产工艺来。殊不知，冠生园的这两种畅销产品，不是用洋机器，而是全靠手工土办法制作出来的。那些外商还认为"冠生园的保密工作做得好"，只得各买了一批冠生园的夹心饼干和果酱夹心糖，送回国研究。

面对初步的胜利，冼冠生头脑清醒。他并不满足于用土办法生产饼干和糖果，而是通过上海机制工厂联合会，分别向英国和德国定制了两套制作夹心饼干和果酱夹心糖的机器，并且在漕河泾建起了厂房。1935年7月25日，冠生园的这两套洋设备正式投产，夹心饼干和果酱夹心糖从此源源不断地流向市场。

冠生园很会做广告，广告的范围扩大到报刊、路牌、电影幻灯、车辆招贴、电台播音以及铁路沿线的民房墙上，等等，几乎达到了"冠生园无处不在"的程度。像如今在居民的信箱里塞商品信息和促销广告的方法，当年冠生园就用过。冼冠生雇用了一些熟悉市场行情的写手，编写《冠生园商品信息》，同时附上冠生园商品优惠券，通过邮局寄给新老客户。消费者凭优惠券在冠生园各门市部购买商品，可获得九五折优惠。如逢年过节，顾客购满一定数量的冠生园商品，还可获得多种优待券，如"冠生园一日游""冠生园超山梅林场二日游""冠生园食品品尝会"等。

现在有些超市和大卖场发售的预售券，冠生园也曾用过。当年，冠生园出售一圆、十圆、五十圆等多种面额的购货券。购券者可享受九五折或九折的优惠。持券人不但可在本市各冠生园门市部购货，还可在外省市的分店购买冠生园食品。冼冠生还非常前卫地把两辆运货大卡车绘上五彩缤纷的冠生园广告，车身两边装有活动翻板。平时当运货车用，翻下翻板，就变成活动商店的柜台，陈列商品进行交易。每逢上海公共场所有重大活动，或郊县、城镇举行庙会，就出动"大篷车"，满载货物和营业员开赴现场，就地插起冠生园旗帜开张营业。由于这种新奇举措，每到一处都会吸引顾客像潮水般涌来。

这些广告手段都源于老板冼冠生是个广告迷。早在"竹生居"宵夜店当学徒时，他就天天必看《申报》和《新闻报》，对那些构思巧妙、引人入胜的广告更是看得入迷，甚至将其剪下来贴成一本本资料，平时一有空闲，就翻翻看看，琢磨琢磨。几十年下来，冼冠生对广告颇有心得。冠生园成立后，冼冠生根据自己日益增强的财力，逐渐加大对广告的投入。他做广告也别出心裁。当年在吴淞口三夹水轮船进出必经岸边，制作了六层楼高的大铁架子，上面缀上"冠生园陈皮梅"六个鲜红大字，坐船经过吴淞口的乘客无不惊叹冠生园的气魄。

　　1932年在漕河泾建造新厂房时，冼冠生在屋顶上安装了高达6米的巨型霓虹灯，夜里光彩夺目。当时有位要好的朋友向冼冠生提出："耗费如此巨资，得不偿失。"可是有一天，这位朋友到杭州办事，夜里乘沪杭火车返回时，在松江车站就看到了璀璨的"冠生园"三个大字，不禁由衷赞叹："冼冠生真乃广告天才也！"

　　冠生园从上海老城九亩地的宵夜店进军南京路，以每年6万元租下南京路繁华地段，靠的是品牌意识。冼冠生痴迷于食品的发明和创新，陈皮梅、果汁牛肉、鱼皮花生、伊府熟面等食品为冠生园独创，质量上乘，"冠"字商标的食品（糖果、饼干、蜜饯、罐头等）风靡市场。

　　新中国成立后，1956年上海冠生园总店进行公私合营，从此成为国有企业。散布在全国各地的冠生园分店，也均被当地政府改造，从此冠生园们成为既无资产关系，也无业务往来的各自独立的企业，只有冠生园的名字被保留了下来。据调查，中国现存的使用冠生园名称的企业大约有十几家。

四、上海孤岛时期的商业

（一）孤岛时期的经济与文化

1937年8月，一场战争打破了上海滩的盛世景象。从1937年8月13日开始，每天都有几百架日本飞机在上空呼啸而过，扔下上千颗炸弹。23日下午1点，一颗重磅炸弹落在先施公司，当场炸死、炸伤近千人，先施公司对面的永安公司四楼以下全部震成碎片，损失惨重。

在1937年抗战全面打响之前，上海是非常繁华的，是中国境内第一繁荣城市，远超过香港、北京、广州、天津。仅仅上海租界长期固定居住的华人就高达170万人，另外有10万外国人。流动人口就更多了，很多人在租界并没有登记居住，预计租界总人口接近300万人。而当时南京人口也不过五六十万人。1936年，租界内工厂数量超5 000家，也达到了全国半数。租界内有商店三四万家，全上海超过7万家。上海还是对外进出口贸易的中心城市，仅上海租界的进出口总额就一直占全国的一半以上。大小贸易公司多如牛毛，各国金融巨头也纷纷进入，有名的外国银行就有几十家。上海成为仅次于伦敦、巴黎、纽约的远东第一金融中心。

自1937年11月12日淞沪抗战结束、中国军队撤出上海开始，一直到1941年12月8日日军占领租界，共计4年多的这段日子，被称为上海租界的孤岛时期。孤岛时期的上海呈现出一番奇怪的景象，陶菊隐先生曾说："苏州河一水之隔，一边是炮声震天，另一边是笙歌达旦，每当夜幕降临,租界内彻夜通明的电炬,透过幽暗的夜空,与闸北的火光连成一片,映红了半边天。这一状况维持了四年之久。"由于上海这座"孤岛"内的局势相对安定,加上难民涌入,人口激增,市面兴旺,经济上竟出现了畸形繁荣。1937年公共租界的工厂只有400多家,到1938年,增至4 700多家,商行则自1937年的213户增加到1941年的613户。租界中的红男绿女并非不知亡国之痛,只是暂时的娱乐可以麻醉他们,可以抚慰他们。有了这种需要,包括电影产业在内的娱乐业迎来了蓬勃发展的时代,新华影业是其中翘楚。当时上海租界内集中了全国最多的电影院、舞厅、咖啡馆、游艺场、戏院等娱乐场所,上海《申报》曾刊登一位南洋侨胞的文章,这样写道:"对于上海,感觉着无限失望和诅咒,酒店舞厅,触目皆是,其穷奢极侈之程度实为世界各大城市所仅见。"

据美国史学家魏斐德的描述:"上海出现了奇特的繁荣,人们几乎无法预订到一个房间,以致若要看一场周末电影也得预先订票,夜总会则鳞次栉比。"还有人回忆:"当时影院的生意真是旺盛,没有新片映旧片,观众一样上门。片商和海外发行商都迫切需要新片。"当时,"孤岛"内的电影制片公司多达20多家,1937—1941年,这些电影公司共摄

图2-35　孤岛时期上海的畸形繁荣

图 2-36　孤岛时期上海的街景

制了近250部影片，有古装片、时装社会片、侦探恐怖片，大多表达了对现实生活的迷茫和不满。"孤岛"的地位和身份是尴尬的，不亚于在夹缝中生存的困难，那时候许多事情是暧昧的，充满纠葛的，难以说清。

电影院上座率很高，但是又缺乏新片，这就催生了电影业的发展。由于战争的原因，原先很多电影公司都离开了上海，但是新华影业没有走。这一段时间，新华影业拍了《乞丐千金》《飞来福》这些比较叫座的纯粹商业片。

离乱年代，人们更喜乡音，由于大量江浙人涌入，江南地方戏也在上海异军突起，其中尤以越剧为最，租界内的绍兴八邑同乡会和宁波同乡会等引进越剧戏班，组织会串演出，一些浙江籍工商界人士也捐钱建戏院，他们的太太则捧红了不少越剧名优。上海《申报》曾刊登"梅花馆主"评论女子越剧的文章这样写道："今则人才济济，声势浩大，在各种地方杂剧中，居然有先鞭之势。"

图 2-37　孤岛时期上海的电影

　　比电影和戏剧更热闹的是租界内的洋旗报。所谓"洋旗报"是上海报人为躲避日军的新闻检查,以外国人名义创办的报纸,其中《文汇报》以英商名义出版,《申报》则以美商哥伦比亚出版公司名义出版。

　　日本人对租界当局相当尊重,轻易也不到租界里横行不法,所以租界的华文报纸的论调始终是坚决抗日,对汉奸毫不留情地大张挞伐,因此报纸的销量就越来越大,日本军部也办了一张华文报纸,名叫《新申报》,因为当时上海有两大华文报纸,一张是《新闻报》,另一张是《申报》,他们就以这两张报纸的名字各取一字,名为《新申报》,可是销路不出虹口,只有少数小汉奸拿着报纸到人家拍门而入,硬销一份而已。

　　日军入侵导致中国沿海经济遭到极大破坏,老板们纷纷将工厂、工人、资金搬迁入安全的租界内。同时,大量难民在租界内要吃饭生存,以极为低廉的价格做工,劳动力极多且便宜。全国的轻工业产品绝大多数从上海口岸输出。商业总户数、营业额和利润也都成倍增长,金融业、房地产业、交通运输业、营造业无不迅速发展。另外,大量的难民,尤其是中国的富人逃入租界避难,也导致租界娱乐业、零售业迅速发展。

图2-38　1937年淞沪会战的爆炸事件

图 2-39 孤岛时期的上海

当时上海市全市的零售业比战前增加了 1 倍，几乎天天顾客盈门。而沪上百货公司也空前繁荣，最著名的上海永安公司在 1939 年前后，日营业额平均百万元以上，每个职工平均一天接待顾客达五六十人。到 1941 年，永安的营业额比 1938 年翻了将近 5 倍，利润额激增 11 倍。这里歌舞升平，很多娱乐场所通宵营业，上海也被称为"不夜城"。

（二）四大百货公司强强联合

国难当头，先施、永安以及新新、大新四大百货公司挺身而出，联合其他商号，组成了战时服务团，出钱出物、支援抗战。四大百货公司可谓南京路上半壁江山，这是他们的第一次合作，之前他们已经争斗了整整三十年。"八·一三"事变后，日本占领当局曾强迫永安的郭乐与其合作，郭乐坚决不从，将公司全权交于侄子郭琳爽，自己则去了中国香港，后又到了美国，在旧金山及纽约两地主持开办新永安公司，直到 1956 年 10 月，他在美国病逝。

永安公司的第二代掌门人郭琳爽接手公司之后，当即决定在商场内扩大国货的销售比重，"提倡国货，抵制日货"。永安的货架上出现了

图 2-40　被日军占领时期的上海

盛锡福的平顶草帽、龙虎牌人丹、三星牌蚊香、雄鸡牌毛巾等国货。素以经销洋货著称的永安公司此举一出，在上海影响很大，带动了许多商店纷纷抵制日货，永安公司站到了抗日救亡队伍的前列。

自1931年"九·一八"事变、1932年"一二·八"事变之后，其实已经有了抵制日货的运动，而在"七七"事变后，中国人的爱国热情达到一个空前的高度。很多人不仅不买日本货，也不买欧美的外国货，一定要用国货，使中国富强起来。所以郭琳爽扩大国货比例，不仅没有减少销售量，反而还有所提升，也为永安公司赢得了很好的口碑。而此时的上海已落入日寇的魔掌，但因为有美、英、法等国的保护，租界成了"孤岛"。大批外省的豪门大户、地主财贾带着钱财，逃进租界，寻求庇护。一时间，人口激增，工厂、商店的生意也兴盛起来。

1927—1937年是上海工商经济发展的黄金时期，这段时间的上海商业异常繁荣，外商的不断涌入，带来了大量的先进技术与设备，更重要的是向中国输入了外国文化与商业理念，这充分刺激并带动了民族企业的发展。在当时国民党政府的干预和支持下，优惠政策不断增多，商标广告政策逐渐完善，为民族品牌的兴盛奠定了基础。

(三) 三星牌蚊香的爱国活动

在方液仙先生创立的三星牌日用化学品商标中,有关三星牌蚊香的试制、生产和销售,尤其是三星牌蚊香与日货野猪牌蚊香的商标大战,是一个典型实例。

图2-41 方液仙

三星牌蚊香如今真可谓是家喻户晓的名牌驱蚊产品。它因价廉物美,使用方便,而很受广大城乡市民的欢迎。但现在的人们又有谁会想到:20世纪初,方液仙先生在三星牌蚊香的研制生产过程中,还经历了一段艰难曲折的创业历程。更不会有人想到,在20世纪20年代初的国内蚊香市场上,曾经发生过一场蚊香大战,一场蚊香商标大战,一场由我国三星牌蚊香和日货野猪牌蚊香争夺我国蚊香市场的销售大战。

1. 三星牌蚊香商标打破我国市场被日货所垄断的不利局面

过去我国广大民众在夏季普遍以木屑和雄黄燃烧来驱赶蚊子,用艾叶搓成绳条状,点燃并驱杀蚊子,或采用除虫菊制成液体喷射剂灭蚊等。这些虽都是我国民众长期以来驱杀蚊子的老办法,但是在实际使用过程中,其效果普遍都不是很理想。因为在使用这些产品时,不是烟气呛人,就是污染环境,损伤人体、牲畜和衣物等。

20世纪初,日本人等率先研制成新型蚊香产品。当时日货蚊香产品有野猪牌、猴头牌等。这些产品以其使用方便、灭蚊效果好而大量倾销到我国沿海和城乡各地。当时国内蚊香市场几乎被日本野猪牌、猴头牌等商标的日货产品长期占领,并形成垄断之势。小小的驱蚊产品就这样被野猪牌等蚊香独家垄断,我国蚊香市场就这样被日货产品轻而易举地控制。

近代日用化学品工业先驱方液仙先生,经过长期研制发现:日货蚊香产品的技术含量并不高,野猪牌蚊香的生产工艺也并不复杂。方先生深信中国人也完全可以自己生产。他根据已经掌握的大量日用化学品生产技术,决定制造和使用属于中国人自己的蚊香和产品商标,其最终目的是要打破完全由日货野猪牌、猴头牌蚊香一统天下的被动局面。

2. 三星牌蚊香商标与洋货的市场竞争

方液仙为了和当时在我国市场上畅销的日本野猪牌蚊香开展竞争,早日将日货蚊香赶出我国市场,他全心投入对蚊香的主要原料、配方和比例的研究。1915年,中国化学工业社在方液仙和其他技术人员的共同协作下,成功地研制生产出一批比野猪牌蚊香质量更优异的三星牌蚊香。由于三星牌蚊香价廉物美,一经上市,马上就受到上海、苏州等地广大消费者的喜爱。为此,三星牌和野猪牌两者之间展开了一场激烈的市场竞争。

当时日本野猪牌蚊香制造商依靠雄厚的资金、先进的技术,采取降价销售、赠送销售等各种促销办法,妄图将诞生不久的国货三星牌蚊香击垮。然而面对强大的对手,方液仙不怕竞争,他依靠全国民众的"抵制洋货,使用国货""振业实业,挽回利权"等爱国主义的热情,以"提倡使用国货""爱国爱国货"等为口号,大力宣传优质的国货蚊香,宣传已在市场上小有名气的三星牌商标,努力扩大三星牌商标和产品的社会知名度及销售渠道。

图2-42　三星牌蚊香商标

方液仙除了在国内各个新闻媒体大做广告,宣传三星牌产品商标之外,他还要求有关技术人员走访家庭用户,上门调查了解三星蚊香的使用效果、使用方法和使用时间等。同时,还了解到野猪牌蚊香在使用过程中的一大缺陷:就是一盘野猪牌蚊香,最多只能点6小时左右,即往往在凌晨三时,蚊香便燃烧完毕。随后,蚊子又重新来叮人,使得人们不能安睡。针对野猪牌蚊香的这一弱点,方液仙和技术人员又花了大量工夫进行研究,改进生产设备。他们将三星牌蚊香的燃烧时间,延长到9小时以上,从而确保用户一夜无忧,不受蚊虫的干扰。为了使三星牌蚊香更受用户喜爱,方液仙和技术人员还根据部分用户对某一香型的特殊爱好,研制出紫罗兰香型等蚊香,其香型独特、雅静、幽香,深受广大顾客的喜爱。

3. 三星牌蚊香商标将日货蚊香赶出我国市场

为了使三星牌蚊香站稳市场,并将日货野猪牌蚊香早日赶出上海市场,方液仙运用极为灵活的促销手段,例如,他根据蚊香这种商品的使用季节,与上海全市各百货批发商联手签约,保证经销人员有利可图。当时三星牌蚊香通过法大马路(现金陵东路)的华洋杂货批发商使大量产品进入上海市和周边地区市场。为了同日货野猪牌竞争,方先生还采取每年5月蚊香使用前,便向批发商大量发货,到中秋节过后再结账收取货款的办法。如此几年后,三星牌蚊香在"提出国货,爱用国货"的浪潮推动下,社会影响、知名度大大提高,并已远远高于日货野猪牌商标。到了20世纪20年代初,上海一些大市场的批发商为了表示爱国热情,都在商店门前挂起三星牌蚊香商标图样的大旗和商品广告招牌,同时将"三星"两字商标名称用红色颜料书写,放在柜台醒目处。由此,引起一些烟纸店的注意,他们也纷纷与中国化学工业社订立经销三星牌蚊香的合同,销售网点遍及全市的各个角落。对于三星牌蚊香在消费者中的声誉,有这样一首赞美它的诗句,便是最好的说

图2-43 三星牌蚊香

明："烟号三星质最优，杀蚊功效信无俦。一俟买得名香后，八宝流苏不下钩。"

自1925年上海"五卅"惨案发生后，日货野猪牌蚊香在上海市场上的销售已日渐稀少。经过三星商标与野猪商标长达10年的较量，国货三星牌蚊香终于击败了日货野猪牌蚊香。另外，值得一提的是：自1925年底开始，日货野猪牌蚊香不仅在上海地区，在全国各大城市的蚊香市场上也销声匿迹。

1928年，为了适应广大消费者的需要，方液仙又在上海槟榔路（今安远路）适时组建了第三家工厂，专门大量生产三星牌蚊香。到了20世纪30年代初，三星牌蚊香不仅在华东、华北、东北等国内各地销售，还远销中国香港、南洋等地。据近代商标史料，三星牌商标战胜野猪牌商标，这是中国近代商标发展史上，国货商标击败洋货商标的一个不多见的典型事例。

"八·一三"事变后，上海沦陷。1940年7月，作为商界领袖的方液仙因拒绝与汪伪政府合作，惨遭特务杀害。

（四）孤岛时期的金融业

股票是近代舶来品，不过中国人炒股的历史并不算短，早在清末时期就已经开始了。据1940年的统计，从各地流入上海租界的游资增加到50亿元以上，在如此汹涌的资金推动下，长期被冷落的股票市场咸鱼翻身，再度进入了一段畸形的繁荣时期。

当时的股票买卖，买客和卖客都可进场当面交易，一手付钱，一手交票。因此，就出现了以下场景："交易所内人头挤迫，喊声震天，从前上海人穿的都是中装，少数人穿西装，在这个市场中，一件中装大概十天半个月的时间就会被挤破，一身西装也只能维持一个短时期就破了。"由此也可推想当时上海股票市场的热闹和混乱。

由于没有统一的场内市场，证券由各股票公司和证券行自由开拍、买卖，同一时间、同一股票的行情大相径庭，股票柜台交易和黑市交易都十分火爆。以股价论，当时各种股票价格都是屡创新高，有的甚至超过票面价值的十几倍乃至几十倍。如会德丰股票面值为白银10两，而市价竟炒至271两。再如新亚制药，战前不过数千元规模的小药厂，这时上市竟摇身一变，成为十亿元规模的五大龙头企业之一。永安百货公司有个小毛纺厂，股票自10元飙升到190元，成为当时的第二大棉纺企业。

再从交易量来看，当时的规模也十分惊人。以上海众业公所为例，其在1937年的总成交额为1 800万元，到1940年上半年扩大为5 682万元，仅1940年1月8日这一天，就成交了132.2万股。这一时期，上海股票市场的股价飞涨，股市井喷，股票买卖投机几成白热化状态，股价也是大起大落，交易所还经常因价格涨跌幅度过大而被迫停市。当然，也有很多人靠炒股发了大财，成天鱼翅捞饭，过着醉生梦死的生活。抗战期间的上海股票市场并非产业经济发展的产物，而是社会游资投机的结果，完全是一种畸形的繁荣。尤其在抗战的最后一年，证券交易所几乎变成了一个庞大的赌场，市场投机猖獗，泡沫大到吓人。而随着抗战的胜利，这些股票最终不名一文，形同一堆废纸。

抗战结束后，上海华商证券交易所被查封停业，股票买卖转入黑市。1946年9月，国民党政府指定杜月笙牵头筹建的上海证券交易所开业，证券交易得以恢复。当年11月，交易所日成交量达到80 000多万股，到1947年，总市值更是达到70 783亿元。当然，这一总市值很大程度上是因为国民党统治下恶性通货膨胀所致，而随着全面内战的爆发，国统区经济全面崩溃，股票市场也无法独善其身。

在经历极其短暂的繁荣后，上海证券市场迅速衰退，股票价格全面暴跌。1949年5月，上海解放，证券交易所停业，旧中国畸形发展的股票市场也走到了尽头。

图2-44　1942年日军在上海街头巡逻

1929年大萧条在美国开始,但并未立刻对中国产生影响。中国股市没有崩溃,而由政府发行的债券相对于股市更为吸引投资者。1932年1月,日本攻打上海后,公债的指数不跌反升,成为金融市场上最热门的炒卖对象。由于有大额的折让,加上政府强硬推行,一般的商业银行都很难抵抗。

由于公债利润丰厚,上海银行界大量吸收存款,而这些资金绝大多数投放于高额回报的公债市场上,而非用于一般企业投资贷款。不仅是本国银行,由外国人开办的万国储蓄会及中法储蓄会亦努力从社会吸收存款,无不以有奖储蓄为号召,吸收大量储户存款,这虽然引起了国民党政府的关注,但最后亦无法禁止。

上海是中国的金融中心,当世界银价出现变动时,上海的金融市场很快就做出反应,上海自然成为游资聚集的地方,所谓"上海充血,内地贫血"。当全国的热钱都集中到上海等待投资机会时,公债、房地产、标金和外汇都成为投机炒卖的工具。当世界银价下跌时,上海的标金便上升,相反银价上升时,上海的标金便下跌。当世界银价上升,上海的银货便会流出。

20世纪30年代的上海经历过两次战事,社会上投机风气充斥。左翼作家针对上海的投机风气创作了大量的写实文学作品,《子夜》和《林家铺子》讲述城市大投机家和小商户破产的故事,更是家喻户晓。1935年,朱璟在他的小说《狂热的投机市场和不出烟的烟囱》里一针见血地道出当时银行的经营问题:"整个行市不事生产,上海人的兴趣都在投机。"

在物质生活压力下,并不是所有人都能够处之泰然,如上文所述的炽热投机风气便一直笼罩着整个上海银行界。20世纪30年代上海金融市场出现前所未有的动荡。在上海从事金融业的,无论是高、中、低级职员,都被卷入金融投机的旋涡中。20世纪30年代,中国面对前所未有的巨大金融转变,对内要应付币制、金融改革,对外要克服因世界金融市场动荡所带来的影响,包括银行家和银行职员的上海银行界处于这样的时代背景中可谓如履薄冰,稍有不慎,便会出现各种各样的问题。作为银行的经营者,为了保障银行的利益,无不希望通过不断的

图2-45 抗战时期老上海街景

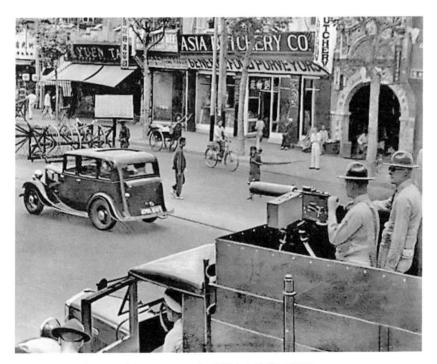

图2-46 1942年美军在上海街头巡逻

改革,对从业员施以最有效的管治,像陈光甫就强调纪律和服务,在使银行工作职业化的同时,无形中把银行管理渗入职员的日常生活中,使之达到充分监控的目的。在陈光甫的眼中,对于正在不断膨胀的上海银行,必须有大量的人力资源支持,因此包括银行职员的培训、待遇、工作、升迁、责任等都必须加以制度化。银行职员加入银行工作后就不能摆脱这一制度。

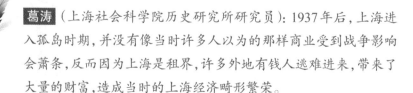

葛涛(上海社会科学院历史研究所研究员):1937年后,上海进入孤岛时期,并没有像当时许多人以为的那样商业受到战争影响会萧条,反而因为上海是租界,许多外地有钱人逃难进来,带来了大量的财富,造成当时的上海经济畸形繁荣。

在1937年之后,上海相继经历孤岛、沦陷和解放战争,十几年里,中国战乱不断,人心惶惶。上海的商业虽然没有断代,但始终处于风雨飘摇之中。

从1919年五四爱国运动的爆发,国民的爱国热情高涨,开始对日货的抵制,到商家为了抗日等进行各种促销和推广处理,这一阶段我国的国民品牌、产品的发展(销售量)得到了大大的提升,并达到了一个空前的水平。后期随着国内的政治运动开始恢复正常,我国的消费情况趋于合理化,国民开始正视外来产品和本国产品,我国产品和品牌的发展又开始趋于稳定。在此期间,我国的部分商人(如黄楚九等)开始有了品牌的意识以及服务的意识,并且在当时就不遗余力地将品牌进行推广,使其品牌潜移默化地融入人们的生活中。

1949年初,解放战争进行到了尾声。南京路上四大百货公司中,先施、新新、大新已经先后撤离。然而永安公司和它的老板郭琳爽决定留下来。5月18日,郭琳爽给远在美国的伯父郭乐写了一封长信:

> 侄等认为义之所在,与夫职责所关,生命虽危,都非所计,以个人安危而弃职离沪,抚心自问,期期以为不可,侄琳爽、棣活等留沪,不独为股东权益,与夫事业之前途,抑亦为与多年

共患难之同事共同甘苦，苟非以身作则，示人以范，则千秋以后，将无词以自解，即此一端，已令侄等痛下决心，留此尽力维护矣。

在枪炮轰鸣中，永安公司一直营业到上海解放。那天郭琳爽也起得很早，他亲眼看见南京路上第一面五星红旗升起在永安新厦的楼顶，亲耳听见第一首胜利歌曲从新新公司的玻璃电台里传出，他看见欢天喜地的人群从南京路上汹涌地走过。郭琳爽被深深感动了。他认定，战争过去了，灾难过去了，上海商业的春天要来了。

第三章

重
负
行
前

（1949—1990年） >>>

引　子

　　在"上海的早晨",新生的上海人民政权,恰如一轮朝日从东方喷薄而出。旧时代的"夜色"被"晨光"褪去,帝国主义、封建主义、官僚资本主义在这座中国最大城市的统治彻底结束了。上海到处都展现出勃勃生机,但生机往往产生于艰难之中,一些旧时代的"阴影"还未完全消失,还有光明与黑暗的交织与搏斗。晨曦下,人民政权经受住了考验,劳动者努力创造着新世界,新生的上海商业艰难成长、负重前行。"上海的早晨"拉开的幕,是光明,是希望,是新的春天。

一、新上海商业新气象

（一）商业管理新制度

1949年5月27日，上海解放，换了人间。上海人民以极大的热情迎接解放军，迎接人民政权，迎接新的生活。

从此，帝国主义、封建主义、官僚资本主义在中国最大城市的统治彻底结束。上海迎来了新的气象。

图3-1　秧歌队在上海街头欢迎解放军

图3-2　严守纪律的解放军官兵露宿上海街头

图3-3　1949年7月7日,南京路上庆祝上海解放的游行队伍一望无际

刚解放的上海，商业萧条，资源匮乏，物价飞涨，投机盛行。私营业主不了解党的政策，顾虑观望，工厂开工严重不足。由于社会风气的重大变化，奢侈的高档商品的消费锐减，而普通日用品备货不多。投机资本积习难改，低估新生人民政权的力量，妄图操纵市场，牟取暴利。从1949年6月到1950年2月，上海批发物价总计就上涨了20倍。

图3-4　反映当时上海人民解放生活、解放思想的新面貌的文创胶带

要克服困难，首先必须建立自己的管理机构与制度，同时也要清除官僚资本和外商垄断资本对上海商业市场的影响。

1949年5月28日，上海市军事管制委员会（以下简称市军管会）下辖的财政经济接管委员会的贸易处、工商处接收了国民政府的商业、贸易管理机构和官僚资本的商业、贸易企业。对经营公用事业

图3-5　1950年春节时豫园九曲桥上游人如织

的垄断外商企业实行监督，允许其余外商企业继续经营。

同时，市军管会着手建立社会主义的商业管理经营机构和高度集中统一的商业管理体制，以增强物资力量，扶助生产，平衡供求，稳定

物价和支持全国市场。随后根据国家政务院于1950年3月3日颁布的《关于统一财政经济工作的决定》，将上海的粮食、盐业、百货、花纱布、医药等国营商贸公司改成总公司设在上海的华东区公司。各公司由总公司拨款收购上海工厂的产品，并按计划调拨各省、市公司，货款由总公司划拨清算，现金收入当日解缴贸易金库。还设置一批上海市公司，国营商业经营机构的分工也逐渐细化，专业日渐齐全。上海国营零售商业也有了初步发展。

1949年10月20日，上海成立了"公营上海市日用品公司门市部"，按照当时陈毅市长的说法"这是我们自己的商店"。1952年12月10日"公营上海市日用品公司门市部"正式改名为"国营第一百货商店"。1953年9月28日，正式迁入南京东路830号的大新百货公司大楼营业，从此开始了新中国第一商店的辉煌历程。

 汪亮（上海市流通经济研究所常务副所长、研究员）：1949年5月，上海全境解放。在10月，我们第一家国有的商店，也就是中百一店正式开张。开业之初，陈毅市长就非常激动地说："这是我们自己的商店。"

图3-6　公营上海市日用品公司门市部

图3-7　上海银行公会大楼

　　为贯彻中央统一全国财经工作的指示，1950年12月，上海市政府成立财政经济委员会，加强对上海财经工作的领导，执行"公私兼顾、劳资两利、城乡互助、内外交流"等政策，配合执行全国与华东区内的物资调配、市场管理、工商行政、财经计划，并通过各种财经政策的实施，加强对上海民族资产阶级的统战工作。

　　1950年各区人民政府先后成立工商科，负责对区内工商业的调查、登记、行政管理和贯彻落实对私营工商业者的政策法令。1952年，各区建立了区财政经济委员会，以综合区内经济动态，沟通市、区政策联系，协调国营商业与私营商业的关系。同年，各县人民政府相继成立工商科，负责县内工商行政管理。此前建立的粮食、花纱布、百货、土产等国营商业机构，仍由上级公司领导。

　　新中国成立前，上海的各行各业就有同业公会，而各公会又联合组建了上海市商会。

　　新中国成立后，上海市人民政府对市商会进行了改组，于1951年2月正式成立上海市工商联合会。同时，改组调整了同业公会，对部分相近的公会予以合并，也新增了一些同业公会。同业公会在贯彻人民政府对私营商业的利用、限制、改造政策方面发挥了积极作用。

图3-8　银楼业同业公会所在地的关帝庙

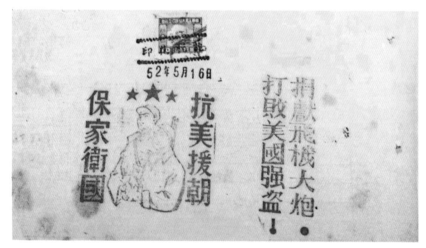

图3-9　上海铝印工业同业公会发票反面有抗美援朝图片口号

通过商品流转计划进行合理分配,保证市场供应,使商品流转和居民购买力相衔接,促进了"繁荣经济,保障供给"的实现。上海国营商业计划工作起始于1949年12月中央贸易部的城市供应会议之后。由中央贸易部至地方通过行政和业务两个系统逐级下达和布置国营贸易的方针任务和概略计划。上海市则根据华东区贸易部指示,召集有关公司编制本市具体计划,经综合审核和市政府审核后双线上报。自1950年建立计划制度起，就按月、季、年，严格进行逐级书面汇报或派人检查计划的执行情况。通过检查，促进了商业流转计划制度的逐步完善。

当时编制计划是从对生产与消费的调查研究着手。其中，社会购买力是一项重要指标。上海市工商局曾对市内1951—1953年的城市居民购买力进行调查估算，但由于居民调查的代表性不足和居民消费定额确定的依据不科学，加之流动购买力的因素，使得估算结果不够准确，以致影响了商品流转计划的制定。在1953年中央商业部正式颁发了购买力调查制度表格之后，才有了较为系统的调查制度。

（二）平抑物价，稳定市场

1. 打击金融投机，稳定货币市场

图3-10　银元

从1949年5月末到1950年2月中旬的近9个月里，投机势力乘上海经济困难之际，囤积居奇，哄抬物价，扰乱市场，掀起了四次物价大涨风潮。上海市军管会和上海市政府采取行政、经济与法律的综合手段，打击投机，平抑物价，稳定市场，使上海平稳度过危机，而国营商业从中发挥了重要作用。

第一次物价大涨风潮是由金融投机引起的。1949年5月28日市军管会发布《关于使用人民币及限期禁用金圆券的规定》，限期7天以人民币收兑金圆券。工作开展后，进展顺利。

图3-11　金圆券

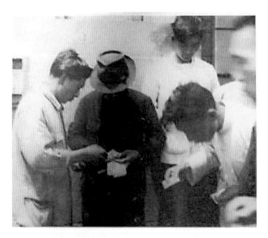

图3-12　上海街头的银元贩子

但是投机势力乘人民币立足未稳之际,操纵金银外币价格翻倍,并带动了整个市场物价狂涨,当时资本家的大本营就在上海市中心汉口路422号的证券大楼,在这里,他们进行了各种投机贩卖活动。

1949年6月10日,市军管会公布了《华东金、银和外币管理办法》,果断查封上海证券交易所,禁止金、银、外币自由流通,实行人民银行挂牌收兑。查封的过程中,在大楼内还发现了国民党特务活动的联络点。

同时,在群众中宣传并揭发银元流通的危害和投机破坏分子的阴谋,并将首要破坏分子200余人逮捕法办。

图3-13　原证券大楼旧址

图3-14 市军管会查封金融投机的总指挥部证券大楼

图3-15 国民党特务使用的工具

图3-16   在群众中宣传并揭发银元流通

图3-17   上海市民反对银元投机游行（1949年6月11日）

1949年6月14日，中国人民银行开办折实存款，以缓解货币持有者的恐慌。同时，国营粮食部门加紧调粮，并派员进驻米面市场，相机抛售粮食，制止价格上涨，这才平息了上涨风潮。

第二次物价大涨风潮是由大米、棉纱、煤炭价格暴涨引起的。1949年6月23日，美帝国主义与国民党军队对上海的出海口进行封锁，与此同时，上海又遇特大台风和潮水的侵袭，物资供应一度紧张，投机势力又乘机抢购大米、棉纱和煤炭，其中粮价上涨最猛，上海市人民政府综合运用贸易、金融、税收及行政管理等办法，如对几种主要商品采取禁止场外交易，划定交易时间，规定现款当日交割，禁止栈单买卖，禁止兼做业外生意等手段与投机势

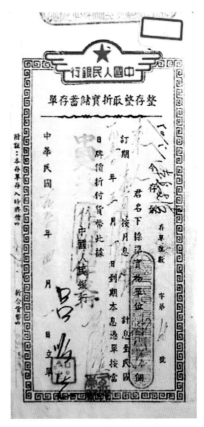

图3-18 折实储蓄存单

力进行有效斗争。同时国营商业部门于1949年7月连续抛售物资。此外，国家银行抽紧银根，税务部门催交税款，经各方通力协作，再次打击了投机势力。当年的新谷登场后，粮油价格均有所回落。

第三次物价大涨风潮是从上海开始波及全国的一次物价大涨。由于全国货币流通量膨胀，海口被封锁，进口原料受阻，从1949年10月中旬起，投机势力不断抬高五金、化工等进口商品的价格，接着又抢购棉纱、粮食等商品。私营金融和地下钱庄推波助澜，大量吸收全国游资，向投机商提供资金，囤积物资，以牟暴利。国营贸易部门被迫大量抛售物资，以期缩小涨跌幅度，并平价出售粮、煤，以稳定人心，高价抛售食用糖，以回笼货币。

然而，单靠上海的力量难以抑制全国汹涌而来的投机浪潮。根据

政务院财经委员会统一部署,上海暂停抛售,抓紧集聚物资。自1949年11月25日起,上海与全国主要城市协同动作,大量抛售物资,调低牌价,同时加强金融管理和市场管理,这才制止了持续50天的全国物价大涨风潮,自11月26日起物价全面回落到预定水平。国营商业部门在这次反投机斗争中,既加强了对批发市场的控制,又积极控制零售市场,逐步在市场上确立了领导地位。

第四次物价大涨风潮是春节"红盘"抢购风。1950年2月6日,国民党对上海疯狂轰炸,发电厂遭破坏,投机商哄抬五洋杂货的价格,同时还在春节前抢购和囤积粮食等商品,企图利用春节"红盘"(1950年2月21日是农历正月初五),获取暴利。国营商业部门对此已早作物资准备,在中央的部署下,春节前从中南、西南调来大米71 358万斤,其他物资也储备充足,所以春节粮、棉等主要商品的开盘价,仍保持节前水平。节后一周内,国营企业在市场上抛售的粮食占市场总销售量的97.6%,棉布占96%,基本控制了整个市场,投机势力又以失败告终。

1950年秋季,投机资本故态复萌,若干进口物资的价格有所波动,秋季作物登场后,物价又开始不稳,1950年10月曾一度发生抢购煤炭风潮,棉纱供应也趋紧张。根据中央部署,9月提高了纱价,调低布价,并突击生产棉纱,并实行棉纱集中交易,以此制止投机,并进而加强现金管理,从而稳定了市场。

经过几次反复较量,资产阶级投机势力遭受沉重打击,最终彻底失败,从而结束了上海物价飞涨的历史。国营商业在反投机斗争中不断发展壮大,取得了商品市场的领导权,创造了经济恢复和发展的必要条件。

2. 加强市场管理,促进城乡物资交流

新中国成立前,上海就有棉纱、粮食、木材、化工原料、纸张、卷烟、皂烛、颜料、火油、西药、绸缎、五金等20多个商品交易所和30多个综合性的茶楼交易市场。这些交易场所颇具历史,规模较大,有的与全国各地都有联系。新中国成立后,上海市政府采取了先恢复、后改造的方针,在1949年5月30日就复业开市。1949年12月,改组了市场的领导机构,由公私企业和有关同业公会等推派代表,组成新的市场管理委员会,并制定各行业市场管理规则。

与此同时,上海市军事管制委员会贸易处于1949年8月初召开了第一届华东各省市贸易会议,明确规定贸易部门实现"扶助生产,支持货币"的主要环节是"城乡互助",并确定对内贸易自由、严禁各地留货封锁的政策,鼓励私营商业积极参与城乡之间的商品交换活动。上海各国营商业公司全力投入,从资金、价格、市场管理等方面采取许多鼓励私营企业开展城乡运输和销售的措施,以促进地区之间的物资交流。

1951年春,中央贸易部把发展城乡物资交流列为国营商业和供销合作社商业稳定市场、扶助生产的重要措施。通过城乡物资交流,活跃了城乡经济,上海收购到许多市场紧缺的物资,各个地方则为许多土特产品找到市场,并获得不少工业消费品,密切了地区之间的联系,疏通了购销渠道。

开展城乡物资交流,必须加强市场管理,市场才能有序发展。对此,中央和上海商业部门采取了相关措施,特别是加强物价管理。1950年,中央贸易部建立一系列的物价工作制度,其中有物价统计制度、物价掌握制度。市场上的主要商品如粮食、棉花、棉纱、棉布、煤、盐等的收购价和销售价均由中央贸易部统一掌握。上海市国营商业部门则掌握本市的市场价格,将市场牌价纳入有计划的健康的发展轨道。

3. 扶植私营工业,恢复生产,保障供给

新中国成立初期,上海工业生产资金原料匮乏,产品销路受限,处境极为困难。据当时对1.36万家私营工厂的调查,开工的仅有1/4,而且大都是半开工,大批工人处于失业或半失业状态。上海市军管会财政经济接管委员会贸易处积极帮助私营工厂恢复生产,在新中国成立后第五天,就对一些有严重困难的私营工厂采取收购产品、配售原料的办法予以扶植。1949年8月中旬,陈云副总理在上海调查生产、贸易情况后,立即召开会议,确定了国营贸易当时的基本任务是扶助生产,重点帮助工业企业解决原材料的供应和产品的销售;加强收购,掌握物资,作为人民币的坚强后盾。

1950年4月15日,陈毅市长在上海市第一届三次各界人民代表大会上明确指出:"工商业克服困难的方向是扩大加工订货和产品收购。"

自1950年6月起，上海经济情况逐渐好转，工业企业开业和复业者日增，至1950年9月，上海市申请开业和复工的工厂达286家。商品产量和交易总额日增，市场销售由淡转旺。

1952年6月24日，陈云副总理在中华全国工商业联合会筹备代表会议上，对工缴、货价和利润又作了重要指示："要保证私营工厂获得他们应得的利润，兼顾制造者、贩卖者和消费者三方面利益，并照顾市场物价稳定。"

私营工业在国营商业的扶植帮助下，生产逐步恢复发展，商业部门也为保障市场供给获得大量物资。

4. 扶植私营商业，扩大市场销售，方便居民消费

上海国营商业机构为保障市场供给，方便消费，在扶植私营工业恢复生产的同时，对一些有困难的零售私营企业也以多种方式给予扶植，有的予以代销，维持其经营，扩大市场销售，方便居民购买。对一些大型高档的私营企业，指导其转变方向，引导其面向大众，改营中低档商品。

为扶助私营商业，自1950年5月起，国家调整了公私关系、劳资关系、产销关系。上海国营商业公司把米、布、盐、糖等商品的批零差价分别从1%—4%扩大到6%—12%，使私营商业能获得合理利润；同时缩小国营零售阵地，将土产百货等商品的零售业务全部让给私营商业经营。通过调整，私营商业增加了营业额，走出了困境。

（三）稳定物价与活跃城乡商品市场

1. 统一财经工作，稳定物价

为争取国家财政经济状况的根本好转，1950年3月3日，政务院发布《关于统一国家财政经济工作的决定》，规定"统一国家财政收支，统一全国现金管理，统一全国物资调度"。同时，发行人民胜利折实公债，加强工商税收的征收，国家银行收回贷款并大量吸收存款；国营贸易单位在市场上大量抛售物资以回笼货币，自1950年3月13日至6月底，共抛售物资12 487亿元（旧币）。

当时市场上的主要矛盾仍然是商品资源不丰富。1950年农业生产

虽显著恢复,华东地区粮食增产两成,棉花增产一倍,却只相当于1937年产量的80%。在农村购买力不断增长的情况下,原棉和棉纱显得十分不足,成为威胁物价稳定的最大因素。为了巩固物价的稳定,1951年1月4日中央财委公布《统购棉纱的决定》规定:"公私纱厂自纺棉纱及自织棉布均须由国营花纱布公司收购,不得在市场上出售,对棉纱商、织布厂、印染厂及针织复制等用纱,按合理手续由国营花纱布公司统一分配供应。"国营公司根据照顾自纺自织、代纺代织的原则,制定了统购价格,对棉纺工缴也适当调高。上海20支甲级纱的加工工缴由240个折实单位调整为260个折实单位,其他各支棉纱也按比例调整。从此,棉纱价格脱离了自由市场的支配,也易于掌握棉布价格。

1951年秋,农业丰收,不少工业品供应紧张,当时国营商业对某些商品采取限量或搭配出售,以限制私商投机,但不少单位却保守惜售。1951年9月,中央贸易部发出"坚决稳定物价"的指示,反对保守惜售,并主动调低部分商品价格。对暂时供不应求的商品由工商行政部门进行调剂和分配,并制定相应的供货办法,从而稳定了主要商品的市场价格。

2. 调整商业政策,活跃物资市场

打击投机、稳定市场物价的斗争,是改组旧社会经济结构,建立新经济秩序的一个重要开端。在实施统一财经工作以后,市场物价稳定,而商品销售却出现停滞,不少商店因此歇业。1950年3—5月歇业的商店达5 310家,占当时上海市商店总数的5%左右。

为了发挥私营工商业有利于国计民生的积极作用,避免其继续大批歇业,增加失业人员,1950年5月国家开始对工商业进行第一次调整,其主要措施是:第一,国营商业公司扩大对私营工厂的订货,1950年下半年私营棉纺、织染工业为国营花纱布公司代纺棉纱数量比上年同期增加17倍以上,代织棉布增加8倍多,代染棉布增加近3倍。造纸业、搪瓷业全行业均与国营商业公司建立加工订货关系。第二,调整主要商品的批零差价、地区差价,并让出部分国营零售阵地,同时,鼓励私商下乡收购次要农产品。第三,调整劳资关系,主要是推行劳资协商会议方式解决劳资纠纷,促进私营商业改进经营管理。1950年6月,中央贸易部召开了第一次全国物价会议,会上确定了"产、运、销"三者利益兼顾的价格政策方针。当时,国营贸易只在几种主要商品中占优势比重。从整个市场来看,国营商业所占的比重还很小,还需要利用私营商业为城乡物资交流服务。上海根据中央贸易部的指示,逐步修订了某些商品的地区差价,如20支纱在上海市区与松江的差价,7月份倒挂,8月份调整后,差价由倒差18万元调为正差18万元。同时,对批零差价也作了适当调整,并相应提高了批发起点,如面粉由1袋改为5袋。在各项政策措施落实后,市场物价由下落转向平稳,私营工商业的困难也逐步缓解。

在税收方面,也作了相应调整。其原则是:第一,工业轻于商业,日用品轻于奢侈品,对387种有利于恢复和发展的市场急需品实行全部或部分免征货物税。第二,按简化税制和有利于生产向专业化发展的要求,将部分工业品的货物税实行合并征税,并降低税率。第三,为鼓励出口,增加收入,对部分出口产品实行退税办法。第四,对工商业所得税在维持税率的条件下,适当提高起征点和最高累进点,增加累进级数,缩小累进幅度。

美国发动侵朝战争后,西方国家在上海的洋行纷纷关闭,洋货基本中断,市场上某些五金、交电商品渐趋紧缺。为支援抗美援朝战争和国家建设,上海国营商业部门积极争取货源,充分发挥私商的积极作用及其与外界的关系,根据自愿组合、利益均沾的原则,动员五金、交电私商组成以联购为主的联营体,向港、粤等地联购五金、交电器材。这些联营体既为市场争取了货源,也解决了行业中的实际困难。

1952年国营与合作社商业销售总额比1951年增加25.1%,私营商业零售额下降24.5%,批发总额下降34.6%。

调整商业是"公私兼顾"政策的具体化,在保证国营商业领导地位的前提下,发挥私营商业有利于国计民生的积极作用,从而活跃商品流通,促进国民经济的发展。

3. 发展供销合作,建立城乡物资交流渠道

供销合作社商业是由城乡劳动人民按照合作社原则组织起来的集体所有制经济组织,它跨越城乡、连接工农,是城乡物资交流的重要渠

道,是国营经济的重要助手。

上海市根据中央和华东有关发展合作经济的指示,于1950年初成立上海市供销合作总社,并设立郊区供销合作社、城市工人消费合作社、妇女消费合作社和手工业生产合作社。1950年底,召开了上海市合作社首次社员代表大会,成立了上海市合作社联合社,并按行政区划设立9个郊区供销合作社、23个市区消费合作社;在农村城镇、城市工厂、机关、学校以及主要街道开设合作门市部183个,大大方便了消费者。

上海合作社经济的主要任务是配合国营贸易开展经营、稳定物价、制止投机、加强城乡物资交流及发展生产。其服务对象主要是社员,以价廉物美的商品供应给社员,受到广泛欢迎,在短短两年内,即发展社员近百万人,其经营范围很广泛。在工业品经营方面,有自成系统的工业品批发机构,经营方式实行计划合同制,对棉布、煤球、百货等重点商品,按下级社上报计划核批下拨,享受低于国营批发价的优惠价格,基层社及其门店对社员也实行优惠价供应,从而减少了私商的中间剥削。

在农副土特产品方面,对粮、棉、油、烟、茶、竹材、干鲜果、南北货、腌腊等开展自营购销业务,与国营商业交叉经营。有关国计民生的棉、麻、畜产品等对农民实行预约合同制度。通过供销社的收购活动,70%的农副土特产品控制在国家手中。当时供销合作社还经营蔬菜、粪肥业务,开设煤球、饼干厂等。

各县的基层供销合作社是在接收旧合作社基础上重新创建的。1950年,各县先后建立起县合作总社,领导各县供销合作事业的发展。1950年8月中央人民政府公布《中华人民共和国合作社法》,在法律保障下合作社有了长足发展,至1951年上海市郊县各乡镇已建立基层合作社110个。

上海市供销合作社在市区的经营主要是协助国营贸易进一步搞好城乡物资交流。上海供销合作社还承担了废旧物资回收业务和农业生产资料的经营业务。

在整个经济恢复时期,供销合作社商业积极发展工农产品购销业务,为确保国营经济的领导地位发挥了重要作用,成为沟通城乡物资交流,连接国营经济与农业生产者的桥梁和纽带。

(四)完成经济恢复

从1949年5月到1952年底,上海商业工作者克服种种困难,胜利完成了国民经济恢复时期的任务,确立了国营商业在市场上的领导地位。国营商业公司掌握了有关国计民生重要商品的批发阵地,所占批发总额的比重由1950年的34.5%上升到1952年的56.8%(其中合作商业为2.4%);私商批发额则由65.5%下降到43.2%。国营商业通过代销、代购、批购和经销等国家资本主义初级形式,扶持正当的私营商业,合作社商业也得到很大发展。1952年全社会商品零售总额为19.79亿元,比1950年增长31.9%,平均每年递增14.9%。同一时期,国营商业调往外地的工业品总值为18.39亿元,增长81%,从各地调来上海的农副产品总值为9.52亿元,增长1倍以上。上海商业为上海的国民经济恢复和发展尽了很大的努力,作出了相应贡献。

二、变革带来商业新活力

（一）社会主义市场初见雏形

1953年，一场伟大而深刻的社会变革开始了。它的目标是确立社会主义制度，它将带来劳动者当家做主的新气象。1953年，全国进入第一个五年计划时期，第一次由国家组织有计划的大规模经济建设。

上海商业部门遵循中国共产党在过渡时期的总路线，积极落实党交给的对资本主义商业进行社会主义改造的任务，圆满地完成了第一个五年计划，形成了以国营商业和合作社商业为主体的社会主义统一市场。

1. 增加国家税收，调整经营机制

为进一步争取国家财政经济的好转，1952年12月31日，国家政务院财政经济委员会发布《关于税制若干修正及实行日期的通告》，财政部同时公布《商品流通税试行办法施行细则》。规定产制应税货物的厂商将原纳的印花税、营业税及其附加，均并入货物税内缴纳，并相应调整税目、税率。应税货物的计税价格按国营公司批发牌价核税，加工、订货、包销者同此。对应纳税款的计算改按税率乘以应税货物价格。

新税制自1953年1月1日实施后，国家税收增加了，但国营商业和合作社商业的经营机制未及调整，在经营上增加了不少困难。加之这一期间，国营商业不恰当地压缩库存、减少收购，私营商业就利用时机，

采取抬高价格、预付定金等办法,抢购、套购与人民生活和国家建设关系密切的商品,囤积居奇,牟取高额利润,加深了市场上重要商品供不应求的矛盾,使有计划的经济建设受到严重影响。因此,转换经营机制、稳定市场成为国营商业开始执行第一个五年计划初期最重要的任务。

2. 推行经济核算,改变供货制度

为加强对国营商业的领导和管理,1953年1月,上海市人民政府建立商业局,将原由市工商局领导的9个商业公司划归商业局领导,同时,将华东贸易部所属的华东区公司改组为与全国性总公司对口的上海一级采购供应站,由全国性总公司和商业局双重领导。上海一级采购供应站的任务是负责收购上海地区的产品和接收进口物资,在全国范围内对各省市的二级采购供应站组织调拨供应。

1953年初,上海国营商业根据1953年全国商业厅局会议的决定,各企业全面实行经济核算制,把原来的金库制度改为银行信贷。对商品实行分级管理,废止物资大调拨制度,业务往来实行合同制。商业部、专业总公司、市商业局和市公司都有一定的商品分配权,各级经营机构都是买卖关系。同时,国营商业系统内为促进产、供、销结合,使商品分配趋于合理,实行了供应会议制度。前三次供应会议由于缺乏计划控制和指导,又缺乏足够的产、供、销的资料,未能结合货源与各地需求情况,只机械地按照一定比例分配,曾产生种种不合理现象。从第四届供应会议开始以计划为依据,并预先拟订商品平衡方案,分配才渐趋合理。

3. 加强货源控制,推广商品包销

1953年是第一个五年计划的开端,国家基本建设规模扩大,劳动就业人数增多,农民在上半年丰收后收入增加,社会总购买力提高,对商品的需求增多,市场销售旺盛。但生产增长跟不上社会需求的增长,许多商品供不应求。加之年初中央商业部提出压缩库存,减少收购,挤出资金支援建设,因而上海国营商业部门一度减少对私营工厂的加工订货和产品收购,放松了对货源的控制。同时,新税制实行后,公私一样,私营商业乘机抢购、套购市场所需的重要商品,从中牟取高利,以致在批发市场出现了"公退私进"的反常局面,导致社会主义有组织的市场有所缩小,资本主义的自由市场相对扩大,加深了重要商品供不应求的矛盾。

为稳定市场,1953年下半年,上海市国营商业部门根据全国财经会议精神,扩大了对私营工业的加工订货,加强控制货源,并大力推广商品包销,以限制和改造私营工商业。1953年8月,上海市人民政府颁布了《上海市加工订货管理暂行办法》,规定由市工商行政管理部门从审核计划、分配任务、检查合同三个环节统一管理全市加工订货,并合理调整工缴货价、派员驻厂和依靠工厂内部工会加强监督。这些措施有力地保证了产品质量和按期交货,控制了货源的稳定性,促使国营商业收购、包销的商品在私营工业总产值中的比重迅速提高。上海国营商业从各方面掌握了货源,在整个商品市场上取得了绝对优势,并完全控制了批发市场。自由市场上的余留商品一般只是零星琐碎和品质较差的,多来自未经正式登记的个体手工户。这些产品在一定程度上弥补了工业品的不足。

4. 实行统购统销,确立国营商业领导地位

1953年上半年全国市场出现"淡季不淡",城乡购买力增长的速度大大超过商品生产增长的速度;加之当年夏粮受灾,粮食供应紧张,不少农村地区粮食脱销,牌市价脱节,市场难以控制。同时夏秋季节,南旱北涝,秋粮又受损,农民普遍惜售,私营商业乘机抬价抢购,国家收购粮食工作遇到困难,而销量又难以控制;同时,油料也因受灾减产,货源不足,供应困难。1953年9月上海发生食油恐慌,市民购油储存,私商套购外运;7月、8月食糖也供不应求,10月以后供应更为困难。国家为保持人民生活安定和保证国家经济建设顺利进行,不得不对重要商品的采购和分配实行统购统销。党中央于1953年10月16日作出《关于实行粮食的计划收购和计划供应的决定》。同年12月28日,上海市人民政府颁布《上海市加强粮食市场管理及实行私营米店代销办法的暂行规定》,对粮食实行统购统销。上海经试点,于1954年1月起全面实行粮食统购统销,粮食统购价起点以当时收购牌价为基础,统销价起点以1953年零售牌价为基础。1954年4月上海市人民政府建立粮食局,负责全市城乡粮油供应和管理。1954年8月,对居民口粮供应凭证

图3-19　上海市粮票

计量不限量。1954年5月关闭大米市场、粉麸市场。1954年12月,将1 498家私营米店全部改为国营粮食公司的代销店。

1955年8月,上海实行以人口数分等定量供应(全市平均每人定量水平11.84千克),并首次发行上海通用粮票,实行居民凭粮票、粮证到指定粮店购买粮食。行业用粮凭"工商行业用粮供应证"到指定粮店购买粮食。自1954年3月1日起,对食油实行统购统销。居民食油定量供应。

1954年9月15日,根据中央的统一部署,上海对棉布实行计划收购和计划供应,规定各种棉布统一由中国花纱布公司上海采购供应站

图3-20　人们排队凭票购粮

图3-21 关于统购统销的报道

及上海市公司经营，私营棉布批发商不得继续经营棉布批发业务，零售商店均按国家规定的价格出售棉布；对全市居民一律发放布票，定量供应棉布。

图3-22 购布券

 沈嘉禄（上海作家、美食评论家）：比如说布票，每年够你做一套衣服。如果你要多买一些内衣、内裤的话，那你的外套可能就要受影响了。

上海国营商业部门在党的过渡时期总路线的指引下，转换了机制，组织日用工业品的生产，并对重要商品实行计划收购、计划供应和统一收购的政策，扩大了货源，国家得以合理地组织这些商品的分配和供应,从而保证市场稳定,进而确立了国营商业在市场上的领导地位,发展了社会主义因素,为进一步对资本主义工商业的社会主义改造奠定了基础。

(二) 改造私营商业,实现全面公私合营

1953年10月以后,上海的国营商业为贯彻落实党在过渡时期的总路线、总任务,按照党对资本主义商业利用、限制、改造的政策,根据私营商业在市场上的不同地位和作用,有计划、有步骤地把私人资本主义逐步引导到国家社会主义的轨道上来。

1. 发展国营批发商业,逐步代替私营批发

早在国民经济恢复时期,政府就大力控制国营批发商业,着重打击投机性和破坏性较大的私营批发商。从1953年下半年起,政府为了稳定市场,对若干人民生活必需的重要商品实行统购统销,对一些重要的日用消费品恢复并扩大加工、订货、包销。国营商业从各个方面掌握控制了货源,从而割断了私营批发商业与私营工业、个体生产者之间的大部分联系。

上海根据对私营工业改造政策,实行系统改造,逐步代替。按照国营商业掌握货源的程度、对商品分配的能力和私营批发商业具体行业的情况,在有利于生产和商品流通的前提下,分别轻重缓急,采取"一面前进,一面安排,前进一行,安排一行",以及"改造和安排结合"的办法,有计划地以国营商业代替私营批发商。到1955年,全市商业批发总额中,国营商业和合作社商业的比重已占88.5%,国家资本主义商业占2.9%,私营商业已下降为8.6%。余下的43个次要的私营批发行业,在1956年初全行业公私合营高潮中一并合营。至此,批发业务全部由国营商业经营。

2. 统筹安排私营零售,实行全面公私合营

上海市有关部门对私营零售商业的改造政策是:根据行业性质和与国计民生的关系,有计划、有步骤地进行,以促其服从市场管理,从事合法经营,赚取合理利润,逐步纳入国家计划经济轨道。

在国民经济恢复时期,国家已逐步对不适应人民需要的行业进行

改造，例如，对从事迷信品、色情品、奢侈品和投机经营的行业予以取缔或淘汰；对社会需要的行业，以批购（向国营批发商店购进商品，按规定牌价零售）、经销（向国营商业购进指定商品，按规定的办法和牌价出售）、代销（代国营商业销售商品，收取代销手续费）等形式逐渐改造。

3. 对小商贩加强管理，引导其走合作化道路

小商贩虽是私营商业的一个组成部分，但性质有所不同，他们是个体劳动者，政府对他们的政策是团结、教育、改造，引导其走合作化道路，采取"组织起来，加强教育，严密管理，限制发展，区别对待，逐步改造"的办法。

1956年，上海市政府根据全市小商贩的资金多寡和经营形式等实际情况，按自愿原则，采取了不同的改造办法。将资金较多、经营规模较大的小商贩带进公私合营；将有一定资金和经营能力的小商贩组成统一经营、共负盈亏的合作商店；对资金较少的小商贩组成分散经营、各负盈亏的合作小组；另有极少数转入国营商业和合作社商业；对肩挑小贩和固定摊贩，按照经营范围，由所在地区的摊贩委员会组织联购联销，实行统一进货、统一售价、分散经营、自负盈亏。1956年，工商业全面实行公私合营。

图3-23　1955年宝大祥实现公私合营

 汪亮（上海市流通经济研究所常务副所长、研究员）：那么有人要问了，当年是不是都愿意啊？其实，现在我们回过头来仔细看，

图3-24   1956年信大祥实现公私合营

图3-25   大荣绸布商店

其实绝大部分还是愿意的。因为他们自身经营非常困难，一旦加入公私合营，国家不但可以保障所有物资和商品的供给，而且还在流动资金上得到了充分的保证，企业就能够存活下去了。所以在这种情况下，绝大多数或者说占70%以上的私营工商企业主都是积极踊跃地参加了这个运动。

对私营商业的社会主义改造基本完成后，商品市场的生产资料所有制发生根本性的变革，以社会主义的公有制代替了私有制，从而建立起以国营商业为领导、合作社商业为辅助、个体商业（包括集市贸易）为补充的社会主义商品流通体系。

（三）统一市场管理，保障市场供应

1.组建行业管理机构

新中国成立之初，国营商业系统实行资金大回笼、物资大调拨的高度集中的管理体制，按行政区划设置专业机构，按层次逐级调拨商品，资金逐级下拨，销售款逐级汇总。这样高度集中财力和物力，打击投机、稳定物价，在当时完全必要。但随着形势的发展，其弊端也逐步暴露出来，如商品流转环节多，形成一些商品迂回倒流和资金积压，不利于发挥地方经营积极性。为此，从1952年下半年起，为适应经济建设和对私营改造的需要，对商业体制进行了较大的改革。

1952年9月1日中央成立粮食部，9月2日撤销贸易部，分别成立商业部和对外贸易部。1953年1月上海市以华东贸易部和市工商局的有关部门为基础，组建市商业局，管辖25个国营商业公司。同年3月，市工商局改组为上海市工商行政管理局。1955年4月，上海市商业局细分为第一商业局和第三商业局，同时成立第二商业局和粮食局。第一商业局负责日用工业品的批发、零售业务和市场安排，推动私营商业的社会主义改造。所辖企业有中国百货、花纱布、医药、食品等13个公司的上海市公司和煤业、建材、药材、手工业产销等8个市公司及五金机械等4个分公司，共计28个单位。第二商业局负责对饮食服务业和副食品市场的管理、安排、改造。第三商业局负责全市日用工业品的采购和调拨供应,并推动私营工业的社会主义改造,所辖企业有中国百货、花纱布、交通电工器材等10个公司的上海采购供应站和土产、废品、商业储运等14个单位。粮食局负责领导和掌握市内粮食的购销、调、存、加工和供应分配;1955年第四季度又成立农产品采购局,负责棉花、烟叶、麻类、茶叶、畜产等农产品的经营。1956年市政府鉴于私营商业实行了公私合营,行业管理需要加强,为此,新成立了蔬菜、茶食糖果、食品杂货、果品、水产供销、服装、鞋帽、公共饮食、福利事业、广告等10多个国营市级商业专业公司,并在市级专业公司领导下,按地区成立391个区店,负责领导所属公私合营企业的经营管理工作。区店同时接受所在区的区政府商业科或服务科领导。1956年12月,市政府又决定对全市商业各行业的归属按工农产品、主副食品、城乡分工作了调整,撤销第二商业局,成立城市服务局,第三商业局改名为第二商业局,同时成立水产局负责全市水产品生产、加工、运销业务的领导管理,所属单位有上海海洋渔业公司、水产供销公司、渔轮修造厂、鱼品加工厂、网具制造厂等。1957年市供销合作社又与市农产品采购局合并成立市供销合作局。

各县的社会主义商业经营管理机构,在1953年以前主要是合作社,各乡镇有基层合作社,县城有县合作总社。自1953年11月起,国家先后对粮食、棉花、油料作物实行统购统销,对生猪实行派购,各县陆续建立起国营专业公司和工业品批发机构,供销社也不断扩大购销网点。国营商业与供销社开始按经营商品分工,国营商业主营日用工业品和五金、交电、化工、石油等商品的批发和零售,供销社商业主营农副产品、废旧物资的收购和销售。

1956年为加强县内商业的管理和适应对私营商业的社会主义改造,相继成立县商业局,并分设百货、食品、医药、木材、煤建、纺织品、酒类专卖等国营专业公司。县商业局主管专业公司的行政事务、人事管理和检查市场等工作;业务、基建、财务则归各专业的上级公司负责。之后,粮食系统划出,国营商业与供销合作社以商品分工为主,城乡分工为辅。供销社主要经营农业生产资料、土产原料、日用陶瓷器、日用杂品和农村的零售业务,以及承担对私营商业的改造工作。

2. 扩大货源，保障供应

第一个五年计划期间，随着社会主义改造的胜利完成，逐步形成以国营商业为领导，多种经济成分并存的社会主义统一市场，在城市和农村发展工农业生产，扩大了货源，保障了供应，稳定了物价。五年里，上海市场价格一直很平稳，除了粮食、副食品因收购价提高，销售价有所上升外，工业品销售价格基本稳定，并略有下降。上海商业部门对少数原料供应充裕、需要扩大推销的商品降低了价格；对个别因原料价格提高、市场供应较紧的商品提高了价格；文化用品、药品价格有所下降；衣着商品和日用工业品价格基本稳定。五年里，零售物价指数平均每年上升1.99%，批发物价指数共下降0.6%。上海国营商业和供销合作商业5年累计收购工业品190.8亿元，调往全国各地的工业品5年累计202.7亿元。整个市场呈现出物价稳定、生产发展、市场繁荣、人民生活所需基本得到满足的大好局面。

1957年，上海全面完成国民经济发展的第一个五年计划，使全社会经济面貌发生了深刻的变化。这一年，全市社会商品零售总额为23.8亿元，比1952年增长40.6%。其中，国营商业占26.4%，合营商业占69.9%，集体商业占1.2%，个体商业占2.5%。上海商业部门完成了国家交付的促进生产发展、扩大城乡物资交流、满足市场供应等方面的重要任务。

三、政策变化时期，商业曲折前行

（一）合作社时期的上海商业

1956年社会主义改造基本完成以后，中国共产党召开了第八次全国代表大会，大会制定了第二个五年计划，这一时期商业工作的基本任务是：继续加强工农产品的收购和供应工作，扩大商品流通，改进购销关系，继续对主要生活必需品实行统购统销；同时对某些工业品实行选购，并有计划地组织部分自由市场，继续执行稳定物价的方针，进一步发展商业网点，方便群众购物。

1958年5月，中共八大二次会议提出"鼓足干劲，力争上游，多快好省地建设社会主义"的总路线，会后，在全国各条战线上，迅速掀起"大跃进"高潮。上海商业部门的干部和职工在市委的领导下，为适应人民生活之需，全心全意、尽心尽力组织货源，做好市场供应，掀起了以改善服务态度、提高服务质量的学先进运动，开展"比、学、赶、帮、超"的社会主义劳动竞赛，并实行了"两参一改"（干部参加劳动，职工参加管理，改善经营管理）的民主管理，开展技术革新、技术革命活动。商业部门的职工以不计报酬的忘我劳动态度，创造性的工作精神，专心致志地进行社会主义建设。但当时经济建设的指导思想急于求成，出现了不少失误，特别是盲目追求高速度、高指标，脱离实际地提出了"大购大销"的口号，造成国家财产的大量损失和浪费。

1."大购大销"时的商业局面

1956年社会主义改造基本完成以后,对工业品加工订货、统购、包销关系未能及时改变,致使工商之间关系不够协调,农商之间也有类似现象。1957年冬和1958年初,农业和工业先后掀起生产高潮,向商业部门提出及时供应生产资料和收购产品的迫切要求。商业部动员干部解放思想,消除顾虑,从1958年2月开始,全面展开声势浩大的"大购大销",采取"生产什么,收购什么,生产多少,收购多少"的做法。由于工业部门不了解市场需要,单纯追求产值和产量,形成工业部门盲目生产,商业部门盲目收购的局面。

在"工业不姓工,商业不姓商,大家都姓国"和"工商一家"的口号中,产品购销不讲经济核算,商业部门撤销了商品检验机构,对工业品大包大揽。在农副产品的收购上,由人民公社自行分级,自行过秤,自行结算,自行保管。商业部门外出采购,也要求采购人员"出去一把抓,回来再分家",以致有的采购人员见货就抓,采购了不少不对路的商品。

1958—1960年,上海第一商业局所属的商业站的收购量与前三年相比,平均每年增长66.17%,收购了不少不适销、质量低劣的商品,造成大量积压,不得不在以后清库存、清资金、清账目中进行处理,损失很大。第二商业局系统也有类似现象。

2. 集体所有制转化为全民所有制

1956年,对私改造基本完成后,12月国务院发布《关于调整若干商业部门经营分工和组织机构的规定》,确立供销合作社主营农副土特产品(除粮油外)和农业生产资料的采购供应任务。同年12月,上海市农产品采购局与全国供销合作总社上海办事处合并组成上海市供销合作局,下辖棉花、烟麻、土产、废品、畜产5个市公司,统一经营棉、麻、烟、土产、畜产品和废旧物资回收业务。市郊区供销合作社也划归合作局领导,负责化肥、农药供应及安排农村市场。1957年,由市供销合作局采购调入的农副土特产品占全市调入总量的50%以上,年购进总值9.8亿元,销售总值10.4亿元。对支持上海工业生产、保证市场供应发挥了应有的作用。

1958年6月,基层供销合作社及其以上的各级供销合作社,由集体所有制转化为全民所有制,并于1958年10月撤销市供销合作局,机构、人员与市粮食局、市服务局合并成立市第二商业局。其经营业务中,烟叶划归市轻工业局,土产、杂品、果品杂货、废品分别划归第一、第二商业局,农村供销合作社全部下放给人民公社,成为公社的供销部,供销社的公积金移交给人民银行。农村供销社并入国营商业后,社员代表大会、理事会和监事会等一套民主管理制度废止了,与农民群众的关系疏远了,一些有效的购销办法如合同、民主评级、协商议价等减少了,为农业生产和为农民生活服务的宗旨淡化了,实际服务工作远不如过去贴近实际,农民颇有意见。而且企业经营的纵向关系中断,横向关系未立,传统的农副土特产品流通渠道被打乱,原来供销社经营的商品购销量普遍滑坡,外省市调入的工业原料和群众生活必需品下降幅度更大。1961年与1957年相比,果品下降41.3%,土产品下降40.5%,日杂商品下降18.9%。加之供销社门店转公社后,经营管理混乱,仅南汇县10个小型经营门店就损失资金3 000多万元。

3. 城乡集贸市场走向低潮

1956年,为改变城乡商品"大通小塞"的状况,国家放宽了对集市的管理,上海城乡的集市贸易逐步恢复,既促进了城乡间的物资交流,又方便了群众购买,起到了拾遗补缺的作用。1958年,农村大搞农田水利建设,农村劳动力十分紧张;加之农民的自留地在人民公社化高潮中被取消了,社员家庭副业也不搞了;手工业生产合作社又升级、并厂、转产;小商贩大都过渡到国营商业;与此同时,人民公社的社员实行"生活集体化、生产战斗化"。因此,到集市出卖商品的人基本上没有了,城乡集市也不得不停止。

(二)困难时期商业工作的调整和改进

1958年掀起三年"大跃进",加上1960年全国农副业生产连续三年大幅度减产,国家经济出现了严重困难。上海所需的工业生产原料和人民生活所需的副食品供应日渐减少。

1961—1965年,上海市政府根据中央关于"调整、巩固、充实、提

高"的方针和1961年6月中央发布的《关于改进商业工作的若干规定
(试行草案)》以及1962年9月中央八届十中全会通过的《关于商业工
作问题的决定》的精神,一方面,紧张地开展经营工作,尽全力促进生
产,稳定市场,安排好人民生活;另一方面,总结经验教训,重新认识社
会主义商业的地位、作用和基本方针、政策,切实地做好商业工作的调
整和改进。

1.调整政策,改善农商、工商之间的关系

上海商业部门为处理好工商之间购销活动中经常发生的商品数量
多与少、商品质量好与差、商品价格高与低的三个矛盾,商业与工业协
商建立了工商产销计划衔接制度。工商之间的协作关系也大大改善。

1961年1月中央发布《关于目前农产品收购工作中几个政策问题
的规定》,明确提出把农副产品分为三类,分别实行三种收购政策,以求
促进农业生产,安排好农民生活,改善农商关系。

上海商业部门鉴于"大跃进"中的高指标、高征购,收购过头,挫伤
了农民生产的积极性,所以,在调整中合理地确定了各种统购、派购产
品的购留比例和购留办法。

同时,在收购中坚持等价交换原则,做好农村商品供应工作。对郊
县生产特需的农业生
产资料做专项安排,
对农民基本生活必需
品按人定量供应,尽
可能多地安排一部分
日用工业品供应郊县
农村。对部分供不应
求的日用工业品实行
综合换购的办法,即
按农民出售农副产品
的品种、数量或金额,
发给农民一定数量购
买日用工业品的购货

图3-26　上海市日用工业品购货券

券,农民按券购买规定范围内的紧缺商品。在商品严重不足的情况下,商业部门以"低对低"(计划价格)、"硬碰硬"(紧缺商品)的实物性交换,认真贯彻了等价交换的原则,在一定程度上调动了农民生产和交售农副产品的积极性。

2. 恢复供销合作社和城乡集市贸易

为了使农村商业与农业生产和手工业生产的集体所有制相适应,1961年6月中央发布的《关于改进商业工作的若干规定(试行草案)》正式提出恢复供销合作社,实行在国营商业领导下的多渠道经营。1962年7月,重新恢复建立上海市供销合作社和郊县基层供销社,并恢复其集体经济的组织形式、管理办法和经营范围。在上海市区,供销社还设立农副产品货栈、代理行;在郊县,国营商业把县城以下大集镇的业务也让给供销社经营,使供销社在疏通和扩大城乡物资交流中发挥了很好的作用。

同时,在经济调整初期,陆续恢复了城乡集市贸易。1959年上半年中央连续发出指示,强调恢复社员的自留地和家庭副业,为农村集市的恢复创造了条件。1959年下半年和1960年冬中央多次提出"要有计划、有领导地恢复农村集市,活跃农村经济",并明确指出"农村集市贸易是社会主义统一市场的一个组成部分"。由于农业经济好转和城市人民对农副产品的需要,在农村集市贸易逐步恢复后,上海市区于1962年下半年起也开放了一些农副产品集市,虽然其补充作用有限,但为当时农副产品市场输入了活跃因素。

3. 调整商业网点布局,加强企业经营管理

从1959年开始,上海商业部门对"大跃进"中过多撤并零售商业网点的不良影响进行了分析研究后,根据消费规律和行业、地区特点做了合理调整。

为纠正"大跃进"中"左"的做法,1962年5月,国务院决定在商业系统恢复和建立各级专业公司,实行上级部门和当地商业行政部门双重领导的制度,其财务管理按市级专业公司的情况,实行三种不同的管理办法:第一类专业公司(包括五金、交电、化工、石油、医药、煤建等)的财会工作以总公司领导为主,资金由总公司统一管理,实行总公司专

业系统统一核算。第二类专业公司（包括百货、纺织品、糖烟酒、食品等）中一级站的财会工作以总公司领导为主；市公司以市商业局领导为主，资金由市商业局统一管理。第三类专业公司（包括蔬菜、饮食服务、仓储运输等）的财会工作由市商业局统一管理。

1963年2月，上海市财贸办公室根据中央《关于在全国商业部门开展改善经营管理运动的通知》，部署了商业部门基层改善经营管理活动的具体要求。在改善经营管理活动中，上海商业系统各级企业根据商业部的要求，结合本企业具体情况，整顿了营业秩序，健全了规章制度和岗位责任制，普遍降低了费用，加速了资金周转，增加了盈利，提高了服务质量，企业面貌大大改观，并受到消费者的好评。在此期间，上海商业部门还推行了"两参一改"的民主管理制度。

（三）市场供应的改善

1961年中共中央提出了"八字方针"，即"调整、巩固、充实、提高"的八字方针，具体内容是：（1）调整农村的生产关系和有关政策，规定农村人民公社三级所有，以队为基础，发还自留地，开放自由市场。（2）减少城镇人口，精简职工。（3）压缩基本建设规模，缩短重工业战线，充实轻工业，保住重点项目。（4）节减财政支出。（5）稳定市场物价，对部分消费品实行高价政策。（6）改善经营管理，提高产品质量，加强专业协作。（7）制定适合当时情况的有关教育、科学、文艺等方面的政策。

上海市的商业部门在市委和市政府的领导下，认真贯彻"八字"调整方针，落实各项政策措施，力求促进生产发展，改善市场供应，安定人民生活。

1. 促进主副食品生产

为了抓主副食品的生产，根据中央关于大中城市在郊区建立主副食品生产基地的指示，上海市委提出"自力更生为主，力争外援为辅"的方针，动员各行各业大力支持郊县发展主副食品生产。上海市第二商业局、粮食局、水产局系统经营副食品的商业部门从资金、物资、人力、技术等方面积极支援郊县发展生产，并区别不同商品，实行有利于生产和收购的购销政策。上海市委市政府对农副产品方面的重大购销措施,从制定政策到贯彻实施,书记、市长都亲自审查落实。

与此同时,商业部门还积极支持工业生产,协助组织生产原料,除利用与各地有密切联系的优势,从多方面采购原料供应工业生产外,还积极回收废、次边角金属材料、碎布、棉纱废料、野生淀粉、油料,支援工业增产各类商品。1963年,上海商业部门派出450多人到24个省或自治区的512个县调查市场情况,及时反馈给工业部门,扩大了原料货源,增加了市场所需的轻纺产品。

在战胜三年经济困难的过程中,农商之间和工商之间建立起互相支持、密切配合的良好关系。

2. 稳定市场,确保供应

上海商业部门认真贯彻市委指示,积极采取措施,力求安定人民生活,回笼货币,稳定市场,度过灾荒。除了对次要商品继续平价敞开供应外,对重要商品实行了平价控制供应、高价敞开供应、议价敞开供应等不同策略。

从1964年开始,商品日渐丰富,市场供应好转,猪肉、水产等副食品供应逐步敞开,上海经济形势呈现出好的势头。1965年,全市商品零售总额达29.15亿元,比"大跃进"前的1957年增长11.2%;调往全国各地的日用工业品为47.33亿元,增长3.5%;调入农副产品为12.4亿元,整个市场日益繁荣。

（四）商业工作队伍的建设

1. 加强政治和业务工作

1961年4月,上海市委为加强对财贸工作的领导,克服党政不分带来的问题,决定撤销市委财政贸易工作部,分别成立上海市财贸政治部和上海财贸办公室。财贸政治部负责对全市财贸系统人员的政治思想、党的建设、干部管理、群众运动等工作的领导;财贸办公室负责对财政、金融、粮食、水产、商业和对外贸易等行政业务工作的领导。此后,在8个局成立了政治部,在58个公司成立了政治处,各基层单位设立政治指导员。政治思想工作的中心内容是共产主义思想教育,教育共产党员树立终身为共产主义事业奋斗的理想，激发职工做好本职工作的光荣感和责任感，促进他们刻苦学习政治，钻研业务技术，遵纪守法，礼貌待客，文明经商，做又红又专的商业工作者。政治思想工作的加强，有力地推动了商业业务的开展。

2. 加强干部队伍建设

1956年1月，商业部制定了《关于加强商业干部学校工作的决定》，要求干部教育的重点由训练专业干部转移到训练各级领导干部，提高领导水平，并确定了"政治与业务相结合，理论与实践相结合，提高干部的思想水平与工作能力"的培训方针。当时上海的干部教育是着重培养和提高中层、基层干部的政策水平、理论知识和领导水平。1964年1月，市委财贸政治部向财贸各局、社、校党委发出《财贸部门市属公司企业单位领导核心干部的配备情况和充实加强的意见》，要求各局党委对所属单位领导核心配备情况逐一进行分析研究，选拔培养一批德才兼备、身强力壮、有培养前途的新生力量。同时，市财贸干部学校举办了领导干部读书班，组织344名处级干部和区公司党政领导干部学习，组织1 709名政工干部进行培训，提高了干部队伍的素质。

3. 调整充实职工队伍

"大跃进"期间，商业系统的大批业务骨干去支援工农业生产，政府有关部门采取"以女代男""以弱代强"的办法，以街道的家庭妇女补充进商业队伍，商业的从业人员不仅总数减少，而且文化业务素质普遍下降。为了加强与充实职工队伍，1962年，中央批准上海商业部门在高中毕业生中招收练习生4 000名，实际共录用4 892名。1964年12月，中央又同意国务院财贸办公室、中央财贸政治部做出的《关于选调退伍军人到财贸基层单位服务的报告》，并同意分配给上海商业部门700名超期服役的退伍军人，实际共招收782名，重点充实到市级6个局和黄浦、静安、卢湾、虹口4个区。财贸职工队伍的政治和文化素质得以逐步提高。

为了提高商业在职职工的素质，上海还加强了职工业余文化和业务学习。1962年2月，商业部拟订《商业职工业务教育工作条例草案》，从政治、业务、文化三方面加强商业职工的业余教育。1964年10

月,商业部又转发全国9个城市第一次商业职工教育协作会议研究制定的《进一步办好商业职工业余学校的意见》,进而强调在商业职工业余教育中,加强商业专业教育,文化教育要为专业教育服务。据此,上海商业部门对职工业余教育进行了调整、充实,使职工业余教育逐步正常化,从而提高了广大职工的思想认识和业务技能。

4.加强精神物质激励

在"大跃进"期间,上海商业企业的思想政治工作,主要是围绕破除单纯的商业观点,积极促进工农业生产发展。在国民经济调整时期,转为以整顿商业队伍为中心,开展思想政治工作,着重学习党的"八字"方针和有关政策,教育广大干部职工以南京路上好八连、雷锋、焦裕禄和各行各业的模范人物为榜样,积极做好本职工作。

1963年,上海商业部门又及时贯彻商业部制定的《商业部系统商业、饮食业、服务业企业单位综合性奖励制度的暂行规定》,对商业职工实行综合性奖励,奖金率按独立核算单位计算,一般不超过职工标准工资总额的7%。这种合理的物质激励有效地调动了职工的积极性。

精神激励和物质激励相辅相成,促使广大商业职工意气风发、精神振奋,胜利地完成了调整时期商业工作的任务。

5.商业职工开展商业技术革新

1958年5月,中共八大二次会议号召广泛地开展技术革新、技术革命活动。上海商业部门的广大职工积极响应,在全市开展了大规模的商业技术革新,采取创造和仿制相结合的办法,对商品的购、销、调、存、加工等环节的设施和工具进行了改革,并取得了相应的成果,特别是在加工复制业中的成效更显著。但由于这一活动一哄而起,遍地开花,不少部门没有遵循科学规律,盲目硬干,脱离实际,也造成了部分人力、物力的浪费。

(五)"文化大革命"时期的上海商业

1966年5月,"文化大革命"开始。

以往的私营商店在社会主义改造以后,为了保持其经营特色,原招牌基本未动。但在破"四旧"运动中,大多改换为"东方红""工农兵""红卫"等具有浓厚政治含义的新店名。很多商品和传统的服务项目与方式，因被认为是宣扬资产阶级生活方式，而遭到停售或取消，如西菜社、咖啡馆、特色时装店、文物书画等商店，浴室的递送热毛巾、擦背、修脚，饭店的送菜上门、端菜上桌、喜庆席等传统服务项目。

不久后开始的"两帅"（即利润挂帅、业务挂帅）、"六论"（即全民服务论、流通决定论、柜台和平论、物质刺激论、条条专政论、制度万能论）大批判，导致许多正确的商业政策遭到破坏，不少行之有效的规章制度被遗弃。经济调整时期建立起来的产销衔接制度、商品质量检验制度，或废止或有名无实。商业企业内部的管理制度、考核制度大多被取消。

"文化大革命"前，上海商业以国营商业为主体、集体商业为辅助、集体贸易为补充。"文化大革命"开始后，认为社会主义只能有全民所有制一种经济成分，将三条渠道合成一条，形成国营商业基本上"独家经营"的局面。在"文化大革命"的十年里，全市零售商业、饮食业、服务业网点逐渐关闭，至1978年全市网点仅存1.49万个，是1965年3.79万个的39.3%。

"文化大革命"中，受过中国共产党多年教育的上海广大商业干部职工，仍然坚持全心全意为人民服务的宗旨，做好本职工作。特别是一大批老职工，身处逆境，忠于职守，努力服务，起到了中流砥柱的作用。新参加商业工作的年轻职工，在老职工服务精神的影响下，也能逐步适应工作。他们积极组织货源，合理分配商品，做好市场的供应，保证上海1 200万居民日常生活的基本需要，尽力调运商品支援全国市场，并

图3-27 20世纪70年代的三大件

不遗余力地加强商业自身建设,为上海社会主义经济建设事业做出应有的贡献。

20世纪70年代初,随着生产技术的进步,工业产品结构有所变化,电子产品陆续上市,手表、缝纫机、自行车"三大件"销量上升,有较多的购买力进入上海市场,上海社会商品零售总额由1966年的30.95亿元增加到1976年的55.8亿元,增长80.3%,平均年增长6.07%。

四、改革开放谱写上海商业发展新篇章

(一) 计划经济与市场调节相结合

1978年12月,中国共产党召开了十一届三中全会,重新确立了马克思主义实事求是的思想路线,并决定把党的工作重点转移到社会主义现代化建设上来。上海市商业部门认真贯彻党的十一届三中全会精神,坚持以经济建设为中心,坚持四项基本原则,坚持改革开放,树立发

图3-28　20世纪80年代的上海街头

展社会主义商品经济观念,努力开拓前进。1985年2月,国务院在批转《关于上海经济发展战略的汇报提纲》中,把发展商业等第三产业作为上海经济发展战略中的一项重要方针和任务。从此,上海商业进入了一个改革、开放、发展的新时期。

在改革中,不再把计划经济同市场经济对立起来,逐步取消日用工业品的统购包销、主要农副产品的统购派购制度,单一的计划经济模式被计划经济与市场调节相结合的机制所代替。1978年,上海商业部门计划管理的商品多达188种,到1987年已减少至23种,其中日用工业品14种,农副产品9种。

由于工业自销的扩大,国营批发商业的货源收购相对减少。为了应对新局面,上海国营商业部门采取向工业部门让利、拨料加工、进口元器件支持工业组装产品、联营和提供先进样品、反馈市场信息等措施,引导、支持生产适销商品,开发新品种新花色,从而扩大了货源。而当市场销售呈现疲软时,国营商业则增加收购和储备,发挥"蓄水池"作用,以支持生产,调节供求。

上海国营批发商业和供销合作社商业对农副产品的购销政策,自1979年起逐步放宽和调整。同时提高收购价格,以增加农民收益。调减郊县粮食、棉花、油料的征购基数,以减轻农民负担。扩大加价收购和奖售范围,恢复和发展农副产品的议购议销。1985年,根据国务院的指示精神,上海取消了对主要农副产品的统购派购制度,改为农商之间的合同定购,对完成定购任务后的多余部分和未纳入定购的农副产品,除棉花外,都可以进入市场交易。商业部门对合同定购的农副产品,按不同品种实行奖售政策。

上海国营商业、粮食、供销合作社,采取保护生产、扶助生产、促进生产等措施,帮助郊县发展生产。蔬菜经营实行"大管小活"的方针。自1988年起,商业部门又与农业部门一起实施"菜篮子"工程。1989年又对蔬菜、禽蛋商品进行产销一体化的改革试点,巩固和发展郊县副食品生产基地。与此同时,上海商业部门积极执行商业部对粮、油、棉、猪等调入计划,对其他农副产品则发展多种购销形式,并在外地主要产区建立稳固的货源基地,从全国各地为上海争取更多的支持。

通过上述变革，调动了生产部门增产适销商品、发展花色品种、提高产品质量的积极性，又为经营部门搞活商品流通、丰富市场供应提供了条件。1989年，上海商业部门收购工业品355.91亿元，比1978年增长177.0%；收购农副产品53.28亿元，增长418.3%；调往全国各地日用工业品178.56亿元，增长66.1%；从各地调入农副产品55.59亿元，增长253.6%；调入日用工业品51.37亿元，增长155.8%。

（二）打造"三多一少"流通体系

为了进一步搞活流通，上海积极促使形成以国营商业为主导，多种经济形式、多种流通方式、多条流通渠道、少环节的"三多一少"流通体系。

增加和拓宽国营商业的购销渠道。日用工业品批发商业改变了"三固定"的供货模式，即固定供应区域、固定供应对象、固定倒扣作价率。对全国各地的供货，由洽谈成交代替了原来的计划分配或固定比例分配，并且采取定期交易会和常年交易相结合、期货交易和现货交易相结合的方法，由客户看样选购，自由成交；供货对象打破了只限于按行政区划设立的固定批发层次，而是面对众多买主；供应价格试行了批量作价、协商作价等方式。自1984年起，上海改变一个城市里有两道批发环节的状况，相应减少了批发层次。与此同时，国营批发商业、零售商店还冲破了只能从当地工厂和批发部门一个口子进货的限制，可以通过多种渠道择优进货，自由采购和经营。

扶持和发展集体所有制商业、个体商业。首先对老集体商业落实政策，明确合作商店是社会主义性质的集体经济组织，从各方面支持合作商店提高经营积极性。同时，为方便生产和人民生活，结合解决社会就业问题，扶持创办新的集体商业。1981年，根据中共中央、国务院《关于广开门路、搞活经济、解决城镇就业问题的若干规定》，上海成立发展集体、个体商业、服务业协调小组。1984年成立市生产服务合作联社，并相继成立各级劳动服务公司。积极扶办集体商业、饮食服务企业，安置大量待业青年就业。1989年，仅新办集体商业的网点就有5 000余个，从业人员24万人，当年营业额32亿元，成为社会经济生活中一支不可缺少的力量。在发展集体商业的同时,上海个体商业得到了迅速恢复和发展。全市有证个体商业、饮食服务业户数由1978年的8 000余户增加到1989年的8.97万余户、12.26万余人,分别比1978年增加10.2倍和14倍,对公有制经济起到了有益的补充作用。

开放和兴办各类商品市场。党的十一届三中全会指出,集市贸易是社会主义经济的必要补充。根据这一精神,上海于1979年1月在市区边缘地区首批恢复22个农副产品集市贸易,并日益繁荣活跃,成为上海商品流通的一条重要渠道。到1989年底,上海已建有13个贸易中心,53个以农副土特产品为主的批发交易市场、贸易货栈。全市设有集市贸易458处,小商品市场50处,旧货市场11处。上海对各类市场加强管理和合理布局。众多的市场,形成了大小结合、批零兼有、遍布城乡、各具特色的市场网络,成为产销之间、城乡之间、地区之间的重要流通渠道。

支持工业自销和各部门办商。上海商业部门改进日用工业品购销形式后,支持工业部门对三类小商品和一些适宜自销的产品增加自销比重,减少流转环节,使生产更接近市场。从1984年起,工业企业进一步扩大自主权,从单一的生产型向生产经营型转变;同年,上海对行政性工业公司进行改革,一批公司改组为经营实体。这样,工业自销机构和自销量不断扩大。

由于发展"三多一少"的流通体系,上海的商业机构和商业人员有了较多增加,形成了以社会主义公有制为主体、多种经济形式并存的商业经济结构的新格局。

(三) 改革完善商业管理体制,搞活企业

改革之前,上海商业管理体制的基本特征是:政企职责不分,商业企业成了行政管理机构的附属物;商业企业经营好坏同企业和职工的利益不挂钩。党的十一届三中全会以后,为搞活企业,提高经济效益,有步骤地对商业管理体制进行了改革。

1.改革阶段

上海商业企业经营管理体制的改革由点到面,由浅入深,经历了如

下改革阶段。

第一阶段，1979—1983年，以改革分配制度为主要内容，调动企业和职工改进经营管理，恢复和发扬经营特色，提高服务质量和经济效益的积极性。把企业经营好坏同职工收入联系起来，企业内部分配采取固定工资加浮动工资的办法，联销、联产、联利计酬。承包企业实行责、权、利相结合，以责为主，必须保障消费者利益，并搞好企业整顿。进行第一步利改税，集体商业企业确定利润承包基数。

第二阶段，1984—1986年，扩大企业自主权，实行第二步利改税。以提高企业活力为中心环节，加快了商业改革步伐：一部分国营大中型零售商业企业实行多种形式的内部经营承包责任制；一部分国营小型零售商业企业改为国家所有，集体经营；少数转为集体所有制或租赁经营；饮食服务企业中，部分实行拆账工资制（即按企业收入或利润的一定比例提取工资总额并在职工中进行分配的工资），部分实行提成工资制；老集体零售商业企业中，分别实行承包或租赁。但这些企业大承包基数都以1983年的利润为准，以致企业之间分配不合理、"苦乐不均"。为了解决这一问题，上海于1986年按照国务院提出的对已经出台的改革实行"巩固、消化、补充、改善"的方针，做好补充、完善工作。

第三阶段，1987—1989年，实行所有权与经营权两权分离，完善企业内部经营机制。国营大中型商业企业向国家承包，普遍推行承包经营责任制，并实行"两保一挂"，即保上缴税利、保发展后劲，工资总额与效益挂钩。通过上述各项改革，对于增强商业企业活力，提高经济效益和社会效益，都有明显成效。

2. 改革内容

改革的核心内容为"简政放权，改革商业行政管理体制"。

上海的各商业一级站原系商业部的部属企业，自1985年1月1日起下放给上海管理。上海对市、区商业管理体制，按照政企职责分开的要求，本着"放权明责，分级管理；减少层次，搞活企业；微观放开，宏观调控"和权、责、利一致的原则进行改革。上海市政府于1988年6月批转市府财贸办公室《关于市、区商业管理体制分权明责的意见》以后，迅速展开了这项改革。上海市第一商业局、第二商业局、市粮食局、市水产局、市供销合作社,以及1984年从第二商业局划出成立的新亚(集团)联营公司(上海市饮食服务公司)等商业行政主管部门,把市商业专业公司9个方面的行政管理权限下放给各区政府财贸办公室(商业委员会筹备机构),主要是有关业务经营、财务、劳动人事、工资、物价管理、物资基建、科技生产、各项资料汇总统计以及其他商业行政管理权。同时,明确规定市、区商业行政主管部门的主要职责。在具体实施分权明责过程中,市府财贸办公室会同各综合管理部门制订了劳动工资、财务管理、基建和生产、市场供应、商品流转统计、商业网点管理等6个办法,使分权明责工作有条不紊地进行,达到了预期的要求。

(四)打破条块分割,发展多种商业经济联合

打破条块分割、地区封锁,发展商业流通领域跨部门、跨地区的横向经济联合。这是商业体制改革的一个重要内容。根据"发挥优势,保护竞争,推动联合"的精神,从1981年起,上海商业部门努力发展商工、商农、商工农、商商等各种经济联合,联合的主体是商业、饮食服务企业,大都是商业批发公司、大中型商店。1984年商业横向经济联合发展较快,上海商业部门除在市内发展联合外,还欢迎各地的商业部门来上海开商店、办企业。1987年出现了新态势:由偏重市内联合向市外联合发展,由双边联合向多边联合发展,由企业之间联合向组建企业集团发展。这些联合经营的新体制,显示了群体优势,增强了企业活力和竞争力,促进了商业体制改革。

冲破内贸不能搞外贸的框框,发展商业外向型经济。在改革以前,上海商业只有个别单位有非贸易涉外业务。在实行对外开放和实施沿海地区经济发展战略的新形势下,上海商业部门十分重视内外结合,开拓外向型经济,既为国家多创外汇,又能提高商业现代化水平。

(五)鼓励技术升级,大力发展商办工业

上海的商办工业经过新中国成立后的改造和发展,已经具有一定规模,但是除少数行业外,大多还是前店后工场生产,厂房陈旧,手工操作,技术设备落后,这种情况不能适应人民群众日益改善生活的需要。

　　上海商办工业在改革开放的春风下，获得了比较大的发展。国家对商办工业按不同行业分别给予减免税的优惠政策，还增加利润留成，通过多种途径支持商办工业进行技术改造。1979—1989年，上海用于商办工业技术改造的资金达6.47亿元，完成640多个技术改造项目，采用新技术、新工艺、新设备，改造老的技术设备，并调整产品结构。在这同时，推广应用科技成果，引进先进技术，其中引进国外的生产线达30多条，促进了老产品升级换代，开发了一大批新产品。同一时期，上海商办工业共开发新产品440余项。1989年，上海共有商办工业1 117户，生产总值32.74亿元，比1978年增长67.8%，年均递增4.8%。但是，上海商办工业原有基础差，技术落后，管理薄弱，企业发展后劲不足等问题依然存在。

图3-29　改革开放后，上海到处生机勃勃，充满希望

　　随着改革开放的逐步深入，工农业生产的蓬勃发展，人民收入水平的稳步提高，上海市场出现了持续繁荣、稳定、活跃的景象。上海城乡人民购买力的提高，加上外地进入上海购买力的增加，对商品需求和服务的要求与日俱增。上海商业部门千方百计地扩大货源，大力发展新兴产品销售业务，组织各种名特产品上市，开展家庭劳务社会化的服务项目。上海商业部门在安排市场的工作中，积极稳妥地贯彻"调放结

合"的价格改革方针和措施,以适应和满足人民群众生活水平不断提高和社会消费结构变化的需要。

　　对1989年与1978年全市消费品零售额中的消费构成进行比较分析:食品类商品增长3.63倍,比重由49%下降至42.25%;穿着类商品增长3.48倍,日用品类商品增长8.1倍,这两者比重由49.4%上升至57.23%;燃料类商品增长1倍多,比重由1.6%下降至0.52%。这表明党的十一届三中全会以来欣欣向荣的经济面貌和日益改善的人民生活,也反映了上海市场的繁荣兴旺和上海商业卓有成效的发展。

　　上海商业经过40多年的发展历程,在商业管理机构、商业流通体制、商业经营方式、商业企业管理、商业经营设施、商品流通规模等各个方面都发生了深刻的变化,为上海的经济发展和市场繁荣作出了重要贡献,上海商业吹响迅猛发展的"号角"。

第四章

再铸辉煌

（1991—2021年） >>>

引　子

　　当改革的大门开启，市场的浪潮汹涌而至，上海这座中国最大的工商业城市又走上了世界的前台，成为国际瞩目的中心。传承海派商业文化、举办世博会、开创商业双创时代、发展自由贸易区、打造五大新城、推进长三角一体化，可以说，改革开放以来，上海重焕生机，八方来客再聚"魔都"。多元文化经济集聚，海纳百川，再写商业传奇。在新时代，上海站在发展的新高度，正在铸就新的辉煌。

一、海派商业薪火相传

（一）从商务印书馆到《上海商业》杂志，承载了海派商业的发展记忆

从张元济的商务印书馆，到诞生于20世纪80年代的《上海商业》杂志，近百年的时间里，商业的形态和内涵也早已发生了天翻地覆的变化。

创刊于1985年6月的《上海商业》杂志，由上海市商务委员会主管，上海市商业经济学会主办，是国内贸易类核心期刊。《上海商业》杂志为月刊，每月的最后一周定稿，全年出刊12期。《上海商业》杂志记载了许多关于商业人物和重要事件的报道，特别是上海自改革开放，尤其是浦东开发开放以来在商业上的点滴变革和上海商业发展的轨迹。

图4-1　复业后的商务印书馆（1932年8月）

陆志丰（上海市商业经济学会副会长、《上海商业》杂志社常务副总编辑）：我们的杂志现在也就五六个人在维持着。好的新人也不太愿意加入进来。我已经 60 多岁了，其实现在就是靠一份对商业的情怀还坚持着。一百年中，商业的形态和内涵也早已发生了天翻地覆的变化。可以说，《上海商业》今天的处境，在某种程度上，成为上海传统商业的一个缩影。

图4-2　《上海商业》杂志

（二）中华商业第一街再现繁华

十里洋场，说的是旧上海的南京路。这条东西长五千米的街道，被誉为"中华商业第一街"。南京路的繁华，曾经一度成为上海商业繁华的一种象征。上海市黄浦区在20年前将南京东路最繁华的一段打造为步行街。工程建设参照了国外著名商业大道的设计方案，又彰显了上海城市的气质与文化背景，南京路步行街的升级换代，体现了以人民为中心、以城市文化为依托、以街区历史为经纬的理念，在导入众多世界一线名牌以及更大范围的现代科技文明、商业文明成果的同时，给国货名品特别是"上海制造"留下了足够的展示空间与机会。从1914

年上海建立第一家百货公司——先施公司，到后来永安、新新、大新等百货公司成立，南京路作为中华商业第一街已有百年历史。淮海路从"东方巴黎时装街"到高雅时尚的商业街，引领时尚亦有百年历史。从触摸城市的记忆到融入世界潮流，创新转型赋予两条街打造购物天堂的新起点。建筑是凝固的音乐，标志性经典建筑是一个城市重要的历史文化底蕴，上海外滩18号和淮海中路796号的历峰双墅，分别于2006年和2009年获得联合国教科文组织专门设立的亚太文化遗产保护奖。历史、文化、时尚和艺术在这里有序地融为一体。外滩18号内有世界知名时尚品牌专卖店、美食餐厅，以及国际水准的展览。历峰双墅成了登喜路之家、江诗丹顿之家，与毗邻的国泰公寓经典的法式建筑一起，以旧造旧，开出了世界名表长廊。如今以旧修旧，成为时尚与经典相融的新亮点。世界级商业街，必须要有世界级的潮流引领和与时俱进的改革开放，给南京路、淮海路以从来未有的发展机遇。入世十年，南京路、淮海路跨越式飞跃，就突出体现在商业结构的调整方面从来没停下脚步，不断瞄准世界级，体现世界级的硬件与软件，以及世界级的品质与品位。

图4-3　上海南京路步行街

（三）商业革故鼎新

　　新中国成立时，上海是共和国长子，上海商业为国家输送了大量的利税。其实，这种影响持续到了今天，直接的后果是国企在上海的商业比重很大。这导致商业的改革和转型不像民营商业那么灵活，市场化的程度还不够。

　　2015年，来自中国上海的光明食品集团收购了西班牙最大的食品分销企业米盖尔公司。米盖尔公司是一家年营业额60亿元、拥有500余家零售网点的大型公司。这在光明食品集团的发展史上是翻开了重要一页。65年前，在百废待兴的新中国，在十里洋场的旧上海，"光明"品牌创立，打破了洋品牌一统天下的格局。65年来，特别是2006年8月由原上海农工商集团、益民食品一厂集团、糖烟酒集团重组成立光明食品集团以来，光明食品集团坚持发展现代农业、生态农业和绿色农业，努力打造安全、优质的农副食品生产基地。

　　2010年11月，光明食品集团旗下的光明乳业并购了新西兰新莱特乳业，成为中国乳业史上的第一次海外并购。此后，又先后并购了澳大利亚领先的品牌食品分销商玛纳森公司、英国早餐麦片的领先企业维多麦公司、意大利橄榄油领先企业斯罗瓦公司等。今天，中国的"一带一路"战略，也拓宽了整个世界的商业市场。在"一带一路"战略的引

图4-4　光明食品（集团）有限公司

领下，上海光明食品集团也加快了走出去的步伐。截至2016年8月，光明食品集团共在海外收购了8家企业，对外直接投资约160亿元。持续的海外收购也提高了光明食品集团的业绩。2016年上半年，公司实现营业总收入684.73亿元，同比增长17.15%；实现净利润12.09亿元，同比增长22.85%。

上海光明食品集团有限公司在2020年进行了组织架构大调整。上海梅林食品有限公司划转至光明食品国际有限公司，股权关系的变化主要是进一步放大进博会的溢出效应，聚焦高蛋白食品，走好"大循环"和"双循环"的高质量发展之路。

光明食品国际有限公司由光明集团于2011年2月10日在香港全资注册成立，是光明集团的海外事业平台，前者作为光明集团"境外窗口、投资平台、融资中心"和境外"第二总部"，主要从事各类国际化投融资等业务。而上海梅林食品有限公司海外业务营业收入在该公司中占比较高，从数据上看，其2019年营业收入234.04亿元，其中中国地区营业收入147.04亿元，海外地区87.00亿元。上海益民食品一厂（集团）有限公司（以下简称"益民食品"）持有上海梅林31.82%的股份，为后者大股东。2020年1月，益民食品的股权出现变更，投资人由光明集团变更为光明食品国际有限公司，截至目前，光明食品国际有限公司持有益民食品100%股份。

商业的世界，本来是没有地域之分的。有的只是市场。市场在哪里，战场就在哪里。今天，在参与全球化商业竞争的过程中，我们已看到越来越多的中国企业和中国企业家的身影。这是时代的必然，也是商业本性的驱使。在全球化商业竞争的时代里，上海这座城市，用其特有的文化孕育着一个又一个新公司，并见证着它们的起落、兴衰。

（四）新商业与移动互联网相辅相成

传统商业的发展由于电子商务的横空出世而遭到了巨大的冲击。以淘宝、京东为首的电子商务，给整个商业带来的变化是革命性的。然而在传统商业面临的阵阵寒潮中，有一家公司自诞生以来却始终稳步前行，并努力在电子商务的围剿中探索出一条独特的发展之路，这家公司就是上海城市超市有限公司。

　　上海城市超市成立于1995年，作为上海地区的老牌精品超市，成立至今已有25年，以经营世界各地的风味美食而享誉沪上。城市超市的发展步伐称不上快，但却从成立之初就坚持以"进口、品质、有机、服务"为核心价值，以"产品自己进，蔬菜自己种，咖啡自己炒，面包自

图4-5　上海城市超市

图4-6　上海城市超市内景

己烤"的完全自营模式为特色,以"人无我有,人有我精"的商品把控模式为原则,在面临时代变革,发生多次转型之后,依然保持着较高的运营效率和增速,稳步前行。上海城市超市经营1.5万多种商品,其中80%以上为国外进口商品,是上海目前最大的专业经营进口食品、日用品的超市。

重视体验,这是上海城市超市应对汹涌的电子商务潮所采取的策略。在上海,城市超市一直以"外国人的故乡风味,上海人的异国情调"为经营理念。而这种经营理念也受益于1990年浦东的正式开发开放,从那时起上海商业也开始走上快速发展的轨道。浦东开发开放后,来上海的外国人越来越多,他们在本地却很难购买到自己国家的食品。为满足这些消费者的特定需要,采购一些进口食品,通过分发商品目录、电话联络、下单、送货上门等方式为他们提供服务。后来,随着业务的发展,开始涉足开设超市门店,由于当时外国人主要集中在上海西郊,第一家城市超市便开设在虹梅路。然后又在高级住宅区、使领馆区和金融贸易区等地陆续开出了几家,如南京西路波特曼大酒店的商城店、新华路的影城店、浦东丁香路的联洋店等。到目前为止,已有一定的覆盖面,为发挥城市超市的商业功能打下了基础。

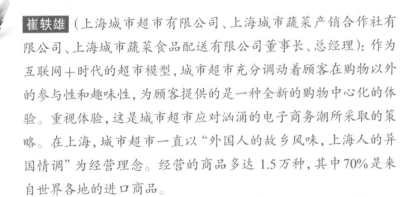

崔轶雄(上海城市超市有限公司、上海城市蔬菜产销合作社有限公司、上海城市蔬菜食品配送有限公司董事长、总经理):作为互联网＋时代的超市模型,城市超市充分调动着顾客在购物以外的参与性和趣味性,为顾客提供的是一种全新的购物中心化的体验。重视体验,这是城市超市应对汹涌的电子商务潮所采取的策略。在上海,城市超市一直以"外国人的故乡风味,上海人的异国情调"为经营理念。经营的商品多达1.5万种,其中70%是来自世界各地的进口商品。

(五) 徐家汇——上海人购物的理想之地

徐家汇位于上海市中心城区西南部,集名校、科研机构、人文景观于一体,是文化名人及高收入人群的汇集地,上海市总体规划将其定为城市副中心之一。徐家汇商圈建设于20世纪90年代初,地处徐家汇中心区域"三纵三横"即华山路、虹桥路、漕溪北路、肇嘉浜路、天钥桥路和衡山路等主干道交汇处,是集购物、娱乐、办公、餐饮、教育培训等为一体的综合性商业区域,其中包括港汇广场、东方商厦、汇金广场、美罗城等商业场所。如今,徐家汇商圈正以其错位经营、特色经营、综合经营的独特经营魅力吸引越来越多的不同层次的消费群体,并成为沪上商业发展最快、最具持续发展潜力的市级商业中心。然而,随着城市商业的繁荣发展,上海乃至长三角城市商业圈纷纷崛起,徐家汇商圈面临更激烈的竞争。

在徐家汇商圈中还有一个特别的圆形建筑,这个圆形的建筑有一个很独特的名字——美罗城。美罗城建成于1997年,在此后近十年里,美罗城一度成为徐家汇的地标性建筑。但是在2010年,这个霓虹闪烁的球体突然有点暗淡了,它仿佛是在一夜间感受到了一股商业寒流的冲击。美罗城的业主在谈体会时,提到在2010年前后,整个商场的销售没有以前好了,而那时正是淘宝、京东等购物网站开始崛起之时,也许从那一刻起就逼迫着商家们慢慢开始思考转型的问题。

图4-7   上海美罗城

美罗城的转型是从改变引进商业体的品位开始的。它拒绝了一些大而全的商户，转而吸引一些有个性、有创意的商业体入驻。这也使得之前有些大众化的业态在引进一些富有文

图4-8　上海美罗城上剧场

化创意的商业项目后从整体上提高了美罗城的品位。

上剧场坐落在上海市徐汇区美罗城商场5层，从2009年起开始筹建，于2015年12月正式落成，包含一个剧场和一个排练厅，剧场可容纳600余名观众。一般的商场里，顶楼都是电影院，很少有话剧院。这一转型的确将美罗城变得跟一般商场不一样了。简单来说，它真的有味道了，不只是一般意义上的商场了。

徐春华（上海美罗城商业管理有限公司总经理、徐汇区商业联合会会长）：《水中之书》话剧由何炅和赖声川联合打造，演出就在上海美罗城上剧场，商场的商业转型创新，我始终认为需要提升文化含量。文化这一业态通过和商业的组合，深度的整合，文化接地气了，更有生气了。

（六）上海商学院对海派商业文化的传承

1.时代、城市背景与大学使命

当前，中国已成为全球第二大经济体，尤其是改革开放以来，中国商业发展迅猛。习近平总书记指出："一个国家、一个民族的强盛，总是以文化兴盛为支撑的。"毋庸置疑，商业的兴盛也将是由商业文化引领。从现实层面来看，虽然我国商业取得引人瞩目的成绩，但整体商业文化的传承与创新仍有待提升。作为"一带一路"重点建设城

市的上海,承担着非凡的历史使命。上海是全球规模和面积最大的都
会区之一,是我国重要的经济中心和现代化商贸流通业的发源地,其
特有的"海派文化"植根于中华传统文化基础上,融合江南传统吴越
文化与西方传入的工业文化因素,既有江南文化的古典与雅致,又有
国际大都市的现代与时尚,具有开放性、创造性、扬弃性和多元性等
特征。

具有上海特色的海派商业文化,对上海城市的形成与发展影响
十分巨大,因此,对海派商业文化系统地研究、传承及应用显得十分
必要与迫切。现代大学的本质是在积淀和创造深厚文化底蕴的基础
上的传承。传承文化是现代大学的基本功能之一,上海商学院作为
商业性质的院校,在海派商业文化传承中肩负着重要的使命。近年
来,随着时间的推移,许多代表海派商业文化特点的文物不断灭失,
了解、经历海派商业文化的人物也在逐步减少。2015年初,时任上
海市副市长翁铁慧到上海商学院进行调研,在听取学校办学理念、
办学定位有关工作时,对上海商学院提出的对海派商业文化的传承
和研究表示充分肯定。鉴于保存、发扬海派商业文化是学校的一项
重要责任,传承海派商业文化是上海商学院的办学宗旨之一,学校
于2018年6月成立了海派商业文化研究院,以有利于传承、传播海
派商业文化。

2. 学校海派商业文化研究院的功能定位

海派商业文化研究院以海派商业文化研究为特色,着力于服务上
海经济、金融、贸易、航运以及科创中心和社会经济生态的建设;系统、
完备、准确地总结沪商和海派商业文化的经验,更科学地提炼海派商业
文化的精髓;努力将海派商业精神文化研究成果应用于解决上海现代
经济、文化建设中的重大问题;传承海派商业精神文化,创新海派商业
文化,促进上海现代经济社会的发展。

在研究院的建设中,依托学校优势学科,依靠学校经济学科与管
理学科等相关人文学科的科研人才,从经济与管理层面对海派商业文
化进行基于现代商业问题的研究,以期取得更多具有海派文化特色的
研究成果;培养一批具有海派文化特色精神的现代商业人才,形成以

海派商业文化为特色的校园文化建设,发展"以商立校、经世济民"文化内涵。未来,海派商业文化研究院将着力进行以海派商业文化为基础的现代商业文明和管理创新研究,以解决现代商业企业制度和经营管理问题为己任,力争建成上海知名的人文社科研究基地和政企智库。

3. 海派商业文化相关课程建设及人才的培养

一是组建复合型、有一定影响力的研究团队。以海派商业文化研究院成立为抓手,整合全校研究力量,组建研究团队,并积极吸引校外乃至国外的研究人才进行学术交流、协作研究,鼓励与支持相关专业学生参与研究。二是面向海内外学生,初步建成海派商业文化相关的课程体系。初步或拟建设包括"百年沪商""上海商业文化""上海商业教育""上海商业伦理"等在内的全校公共选修课,且能够建设成校级精品课程,并已经开设面向外校及国外留学生、商务官员的海派文化体验课程。

4. 打造"海派商业"文化研究高地,为政企决策提供咨询服务

结合当地政府、企业实际案例,在商业业态、文化、模式、管理等方面展开研究,每年或定期撰写具备影响力的论文、报告、书籍等供政企参考。为政府相关政策决策提供咨询意见,负责组织接待各级政府在商业条线的考察活动,接受各级政府委托的相关项目研究,致力于促进海派商业的发展,为更多的企业或机构提供具备参考价值的创新与服务。

二、世博会创造上海商业发展新机遇

（一）上海世博会的成功举办

2010年5月1日，举世瞩目的世界博览会在浦江两岸5.28平方千米的土地上拉开了序幕，以"城市，让生活更美好"为主题，来自246个国家和国际组织参展，在184天中，有7 300多万人次的参观者走入世博园。一个对外开放的中国上海，向全世界呈现了一届成功、精彩和难忘的盛会。

图4-9　2010年上海世博会开幕式

中国2010年上海世界博览会,是第41届世界博览会,于2010年5月1日至10月31日在中国上海市举行。本次世博会也是由中国举办的首届注册类世界博览会。世界博览会推动了上海产业结构的调整,带动基础设施建设的升级,拉动了GDP,增加了就业机会以及后续经济效应。

几百年来,人们对"和谐城市"模式一直有所研究。到了20世纪80年代,世界的环境污染和资源匮乏问题日趋严重,有人提出了可持续发展的理念。许多国家都相继提出了社会和自然融合共生的模式。建立和谐城市,是立足于人与自然、人与人、精神与物质和谐,具体体现为多文化的和谐共存、城市经济的和谐发展、科技时代的和谐生活。2010年上海世博会探讨和展现了新世纪人类城市生活。作为首届以"城市"为主题的世界博览会,为人类的居住、生活和工作探索崭新的模式,为生态和谐社会的缔造和人类的可持续发展提供生动的例证。

上海世博会也是人类文明的一次精彩对话,汇集了各国人民的真知灼见,承载人们对全球未来合作与人类未来发展的深邃思考和广泛共识。上海世博会展示人类经济、社会、文化和科技领域的最新成就及多元的文化,也向全世界展示了当代中国的发展、开放、交融的心态,让世界见证中国的巨大进步,见证了中华民族的智慧和走向世界的不懈努力。上海世博会让世界进一步了解中国,展现了中国愿意与世界相互学习、取长补短,为新世纪人类的居住、生活、工作共同探索可持续发展的崭新模式。

上海赢得2010年世博会举办权,对浦东这样的开发开放前沿阵地而言,无疑是一个有利因素,正如上海市商业委员会主任蔡鸿生所指出,世博会为上海商业发展带来契机:在市场容量上具有扩大效应;使上海商业获得更高层次的发展契机,有利于上海商贸产业的提升;有利于上海商业功能布局的调整。随着上海世博会的成功举办,上海建设国际金融区和世界级城市的步伐明显加快,上海服务全国、辐射世界的能力正逐步加强。

上海世博会把一座意义深远的里程碑树立在漫长的世博史上,书写了中国人民与各国人民交流互鉴的篇章,也向全世界展示了上海开放、创新、包容的城市品格。

（二）上海世博会的积极意义

1. 经济意义

上海世博会促进旅游业发展，有利于刺激国内消费，拉动经济增长。上海世博会通过展示新能源汽车、太阳能光伏、半导体照明、新材料等战略性新兴产业的发展，促进经济结构的调整和经济发展方式的转变，大力促进高新技术产业的发展。

上海世博会场馆建设的财政投入体现了国家财政具有促进资源合理配置、促进基础设施建设的作用。举办上海世博会必将加大我国对外开放的广度和深度，带来经济全球化条件下参与国际经济合作和竞争的新优势。

上海世博会充分演绎"城市，让生活更美好"的主题，表达着现代人对新型城市、环保城市、更自然化城市，更人性化城市的追求和向往。世博会展示着经济的辉煌，科技的进步，低碳的新理念，建筑设计的最新成果，等等。

上海世博会中国国家馆，以城市发展中的中华智慧为主题，表现出了"东方之冠，鼎盛中华，天下粮仓，富庶百姓"的中国文化精神与气质。中国国家馆的展示以"寻觅"为主线，带领参观者行走在"东方足迹""寻觅之旅""低碳行动"三个展区，在寻觅中发现并感悟城市发展中的中华智慧。展馆从当代切入，回顾中国三十多年来城市化的进程，凸显三十多年来中国城市化的规模和成就，回溯、探寻中国城市的底蕴和传统。随后，一条绵延的"智慧之旅"引导参观者走向未来，感悟立足于中华价值观和发展观的未来城市发展之路。

不同国家和地区的场馆都显示了它们丰富的文化内容，和中国馆交相辉映，仿佛是一场文化的交流。就像以前的百家争鸣一样，世博会放在中国举行，对中国来说是一个很好的机会，一个学习各国先进技术的机会，一个融合世界多元文化的机会。民族的就是世界的，世界的也是民族的。世博会的成功举办对中国经济尤其是以上海为代表的长三角经济的积极影响也是显而易见的。

上海成功举办2010年世界博览会，为上海的城市建设、环境保护、经济和社会发展、提升城市品位和市民综合素质带来了巨大的机遇和挑战。举办世博会能够推动上海产业结构的调整、带动基础设施建设的升级、优化城市环境、促进旅游业发展、增加就业机会。

上海世博会的召开对长三角地区各主要城市形成很强的辐射作用和财富溢出效应。上海世博会筹备期间，世博经济对上海周边长三角地区投资的拉动效果显著。世博会的市场开发计划给长三角地区带来众多发展机遇，为长三角企业参与世博市场开发提供各种机会和平台。目前，长三角地区各城市的经济总量规模、发展水平、工业化程度等都存在明显的区域内差异性，产业结构呈阶梯状特征，部分产业集聚程度低。上海世博会不仅有经济、科技、文化的交流，也有政治的交流。各国领导人在此相聚，有利于深化战略合作关系，确保周边环境安全。世博会是国际级的盛会，它的成功举办对提升举办国在国际社会各方面的地位都会产生积极而深远的影响。

在世界从金融危机中慢慢复苏的大背景下，这一盛会让世界看到了中国经济的活力，给国民以信心，同时也给世界以信心。我们对外展示五千年的文化风采，使得世界更了解中国，更能理解中国在某些国际政治问题上的立场，有利于减小外交阻力。世博会纠正了部分外国人对中国认识的偏差：现在的中国已经不再积贫积弱，有些方面我们已经达到了世界先进水平。

上海世博会向世界展示了社会主义的优越性，为解决城市问题提供了思路。它展现了中国文化，同时增强了世界应对经济危机的信心，提高了中国的国际威望。

上海世博会是我国"走出去"战略进一步深化的良好契机，向世界强有力地表明，开放将是中国的长期国策。融入世界，与世界共生共荣，是中国坚定不移的发展道路。中国政府将进一步凝聚国内人心，将开放作为执政的核心理念之一，长期坚持下去，尽快与国际接轨，在全球化时代加快中国的发展，提升中国的地位，彰显中国的形象。

2. 科技意义

世界博览会是工业革命下科技进步的产物，它往往代表着当代世界技术进展的趋势,推动现代科技进入人类日常生活。许多新技术、新产品基本上是在世博会上第一次"亮相"并被人们认识,从而得到普及推广的:世博会让世人了解蒸汽机、缝纫机、橡胶、海底电缆、电话、电视、汽车等,让世人熟悉计算机技术、公共网络和数字化经济、人类基因研究、现代生物技术、生命科学、纳米技术、现代数码影像技术等。世博会是各国展示科学精神、科学理念、科技成就、科技实力与智慧成果的盛会,求真、求实、求规律,有利于人类对自然界的客观存在性的探求以及自然规律的揭示。

3. 政治意义

世博会是全球性的盛会,从空间、内容等角度来说,涉及的范围特别广泛。由于不受国体限制,更不受地域妨碍,也没有民族、宗教、文化、经济水平等因素的限制,参展国家可来自世界的各个角落,这就给主办国制造了宣传自己、广交朋友的机会。并且,参展国送展的内容包罗万象,丰富多彩,同时基本上是该国最具特色、最新、最先进的,东道主能看到和学到不少东西。另外,举办都市以此为契机使市政建设再上一个台阶。四海兄弟、五洲朋友和八方来宾云集,其中蕴藏了大小商机无数,举办国的第三产业再度辉煌,更可提升举办国的国家形象。

4. 文化意义

世博会是推动和平、友谊、和谐的盛会,促进了世界多元文化的融合。世博会把人们团结在一起,不区分种族,不区分宗教信仰,不区分国籍,其理念是"欢迎、沟通、展示、合作"。世博会最重要的功能在于它可以把一个时代的文明高度地集中起来,把那些零星的、分散的、尚未完善的同类事物,通过主题思想集中起来,并加以完善化、系统化,甚至艺术化;把人们共同关怀的难题连同相关的各种解决途径集中起来,再生动地加以展现,给人们以最大的启发。世博会不仅是展示各国围绕主题所取得的成果,而且是一个重要的交流平台,通过这一平台进行交流、切磋,以便为人类共同面临的问题提出更好的解决方法。世博会鼓舞人类发挥创造性和主动参与性,更鼓舞人类把科学和情感结合起来。世博会是文化多元与文化融合的象征。

三、上海商业的双创时代

（一）创客中心承载着梦想

今天，商业早已不只是简单的买卖，它同样需要创想和创意，需要智慧和思想的注入。

20多年前，在上海愚园路、常德路以及紧挨着上海静安寺的东海广场上，有着上海长江计算机厂的旧址。今天，这里被改建成了一个时尚的办公空间，里面驻扎着近50家移动互联网创业团队。它也有了一个很时髦的名字——上海创客中心。

上海创客中心，是上海联合创业办公社在上海的几个空间之一，在虹桥万科、浦东张江都有类似的联合办公空间，中心由国内多位知名创客共同参与设计，融汇了创客的执着与梦想。上海创客中心首次从美国MIT引入了FabLab，为创客们提供专属的3D打印机、抛光机、切割器等必不可缺的硬件设备，让创客们足不出户即可完成创客梦想。2014年9月，中国首个创客社区新车间也加盟创客中心，为创客们营造优质的社区氛围。目前，上海创客中心内设有硬件专区、联合办公空间、活动区域和开放厨房。联合办公区域能同时容纳数十支团队同时办公，更开辟了专属的活动空间。每周三举办的创客之夜，能同时容纳百位创客英雄集聚一堂，共享创客盛世。"大众创业，万众创新"，一个重要的目标，就是让人们在创造财富的过程中，更好地实现精神追求和自身价值。

图4-10　上海东海广场

今天的中国,创业似乎成了一种社会风尚。一个人注册一个公众号,就可以开启一个人的创业之旅。当"大众创业,万众创新"成为一个国家战略的时候,它给商业带来的变革也是巨大的。

(二)商业创新创业机遇无限

从电商新巨头拼多多,到90后的青春后花园哔哩哔哩,近年来,一批新生代的新经济企业在上海诞生、成长并走向全球化。在不拘一格论英雄的互联网"下半场",上海的创新创业"新方阵"崭露头角。

随着云经济、非接触经济、宅经济等新经济大放异彩,一批上海本土企业借助人工智能、云计算、大数据等新技术,与生产制造、商务金融、购物消费、教育健康等产业深度融合,不断孕育出新的经济增长点。

抓住在线新经济的机遇,证券、金融电子商务服务收入也实现大幅增长。商汤科技将"AI智慧防疫解决方案"送到战疫第一线,无感测温,助力防控工作。

复星集团第一时间组织全球资源抗疫,其研制的新冠病毒核酸检测试剂盒已获FDA紧急使用授权。2020年1月30日晚,中国邮政货运

图4-11 中国邮政货运专机

专机载着复星联合腾讯从英国和日本采购的防护服，顺利抵达武汉天河机场。

2020年，上海浦东迎来开发开放30周年。在一块占全国面积1/8 000的土地上，浦东创造了全国1/80的GDP。

浦东开发开放，是一次伟大的创业行动；浦东的成功，印证了创新创业一直镌刻在上海的城市基因中。创新创业自然需要考虑成本，相比房租等显性成本，在降低制度性交易成本等隐性成本方面，上海一直不遗余力。2019年，上海的非税收入占比13.2%，在全国各省区市中是较低的。中国营商环境全球排名，近两年来提升47位，上海权重达到55%。

面积不大的上海，可供创新创业的载体不少。从北边的宝山到南边的G60科创走廊，从西边的大虹桥到东边的大浦东，上海的各类众创空间（孵化器）已超过600家。

创新创业，必然要得到市场的"实战"检验。从2B的角度看，正在建设"五个中心"的上海，拥有大量的金融、商务和先进制造应用场景。从2C的角度看，上海是中国消费者最"潮"，也最"挑剔"的城市，为"互联网+生活服务"提供了肥沃土壤。

图4-12　从上海浦西白玉兰广场顶楼俯瞰浦东陆家嘴（2018年6月21日）

最新发布的《上海市促进在线新经济发展行动方案》提出,要推出"100+"应用场景,集聚用户流量,催化在线新经济发展。到2022年末,新建100家以上无人工厂、无人生产线、无人车间,加快制造业智能化转型。对双创企业来说,其间蕴藏的机遇不言而喻。

（三）书写新时代的商业创新故事

2014年以来,上海先后出台了"科创22条""人才20条""人才30条""科改25条",以政策的不断升级和更新迭代,聚天下英才而用之。不仅藏龙卧虎,更要龙腾虎跃。面对不可预知的未来,上海呼唤更多的创新创业"闯将":从浦东到浦西,从集成电路、人工智能到生物医药,从源头"蓄水池"到科创板上市,只有敢闯敢干,才能走出一条新路,开辟一片新天地。

1. 张江高科的创业空间

创立于2009年的欢乐互娱,是一家有着丰富的游戏研发和运营经验的高新技术企业,团队核心人员有着丰富的游戏研发经验。公司坐落于张江科学城丹桂路899号的张江国创中心。

作为张江科学城"五个一批"近期重点建设项目之一,由工厂改造而来的张江国创中心"变身"为全国最大的单体众创空间，成为张江北区未来重要的产业聚集地，以及配套服务集聚的创业综合体。有着近10万平方米建筑面积的老厂房实现改造更新后，成为一座高度聚焦高科技企业通关模式创新的张江跨境科创监管服务中心、创新创业企业集聚的办公空间、展示张江发展历程和未来规划的张江科学城展示厅、集中展示园区企业"黑科技产品"的张江科学城书房，以及为入驻企业员工提供各项配套服务的白领公寓、屋顶休闲花园、公共商业餐饮等产业综合体空间。

同时，围绕实现"开放式创新程度最高，运用型创新要素最集聚，改革试验举措最丰富，主导产业成果转化率最高，科技金融活力最显著，创新创业者最向往"的发展目标，张江国创中心正全力打造成为具有全球影响力的科技创新成果重要策源地。

以"互联网+"为主导，聚焦"智能制造、人工智能、文化创意"三大领域，集聚贸易、咨询、金融、物流等2.5产业和现代服务业，张江国创中心形成一体三翼和多点配套的产业格局。项目改造完成一年内已吸引包括美国霍尼韦尔、喜施倍生物科技、德国相干科技、铂浪高设计、日本日立高新技术、澳洲科创中心、中国合力泰科技、海栎创微电子、高仙机器人、只二网络科技、北京集创北方科技、西安征途网络等产业客户入驻办公。

2. 杨浦打造创新创业街区

位于上海杨浦区长阳路1687号的长阳创谷同样也是由老厂房改造而来，这里现已成为上海中心城区专为知识工作者打造的双绿地Campus创新创业街区。

2014年受双创工作推动，在上海市杨浦区委和区政府的领导下，长阳创谷开始更新改造，为老厂房注入了新的动能，创造了新的生机，成为城市更新的典型标杆案例，昔日破旧的老厂房变成了创业创意园区，纺织机械的轰鸣声已成为尘封的历史，被新一代创业者奋发有为的键盘敲击声所取代。

2017年9月，全国"大众创新、万众创业"活动周在长阳创谷圆满举办。2018年被赋予打造"世界级创谷"的使命，并被列入国务院第五次大督查的典型经验做法、上海改革开放40周年首创案例。

"长阳创谷现在总办公人数近2.5万人,集聚了一批来自普林斯顿大学、哥伦比亚大学、清华大学等全球知名高校的创业人才,入驻有百度(上海)创新中心、埃森哲、英语流利说、爱驰汽车、造就Talk、智能云科等近200家双创领军企业和极富双创特征的中小企业。"长阳创谷总经理奚荣庆说。多年来,杨浦区大学校园、科技园区、公共社区"三区联动",推动年轻人创新创业。

2019年,长阳创谷正式担负上海市人工智能应用场景示范区建设任务。对标"最好水平、最高标准"的要求,通过智能化顶层规划,协调各方资源,分步骤、有计划地建设AI新技术实验场、AI新产品示范区和AI创新企业集聚地,打造AI-LINK空间,设置无人超市、无人咖啡店、无人健身房,实现管理、工作、生活智慧化智能化,并通过知识带动、辐射示范,力争建成一流的AI+示范区和世界级创谷。

四、商业开放缔造辉煌

（一）自由贸易区建设如火如荼

中国（上海）自由贸易试验区，简称上海自贸区或上海自贸试验区，是中国政府设立在上海的区域性自由贸易园区，位于浦东，属中国自由贸易区范畴。2013年9月29日，中国（上海）自由贸易试验区正式成立，面积28.78平方千米，涵盖上海市外高桥保税区、外高桥保税物流园区、洋山保税港区和上海浦东机场综合保税区等4个海关特殊监管区域。2014年12月28日，全国人大常务委员会授权国务院扩展中国（上海）自由贸易试验区区域，将面积扩展到120.72平方千米。

上海自由贸易试验区范围涵盖上海市外高桥保税区、外高桥保税物流园区、洋山保税港区和上海浦东机场综合保税区、金桥出口加工区、张江高科技园区和陆家嘴金融贸易区七个区域。

截至2014年11月底，上海自贸试验区一年投资企业累计2.2万多家、新设企业近1.4万家、境外投资办结160个项目、中方对外投资额38亿美元、进口通关速度快41.3%、企业盈利水平增20%、设自由贸易账户6 925个、存款余额48.9亿元人民币。

2019年8月20日，中国（上海）自由贸易试验区临港新片区正式揭牌。临港这片东海之滨的创新创业沃土已经拉开如火如荼的建设帷幕。

增设上海自贸试验区新片区，是习近平主席2018年11月在首届中

图4-13　上海自由贸易试验区

国国际进口博览会上宣布的重大开放举措之一。

临港新片区将对标国际上公认的竞争力最强的自由贸易园区,实现新片区与境外之间投资经营便利、货物自由进出、资金流动便利、运输高度开放、人员自由执业、信息快捷联通,打造更具国际市场影响力和竞争力的特殊经济功能区,打造开放创新、智慧生态、产城融合、宜业宜居的现代化新城。

在临港新片区揭牌仪式上,由上海临港经济发展(集团)有限公司全资设立的上海临港新片区经济发展有限公司拿到临港新片区设立以来的001号营业执照。临港新片区公司一期注册资金20亿元,将负责临港新片区现代服务业开放区核心区的开发建设、产业引进、功能创新及招商引资等任务。

 朱芝松(上海市政府副秘书长、临港新片区管委会常务副主任):新片区将聚焦亟需突破但其他地区尚不具备实施条件的关键领域,放开手脚更大胆地闯、更大胆地试、更自主地改,通过打造最高水平对外开放、最能创新突破的改革开放试验田、最自由的开放型经济体系"三个最"，全力打造中国全面深化改革开放的新引擎。

"在临港，我们的梦想正一步步成为现实。"在揭牌仪式现场，特斯拉全球副总裁陶琳激动地告诉告诉记者，上海临港特斯拉超级工厂项目（一期）顺利取得首张综合验收合格证——动力站房综合验收合格证。"从2019年8月16日下午完成平台申报，到8月19日完成全部竣工验收，取得综合验收合格证，仅仅用了3个自然日，距离签订土地出让合同也仅仅10个月的时间，充分体现了上海服务、临港速度！"陶琳感慨道。

特斯拉在临港新片区的项目是一次突破性的尝试，没有先例可循。"太感谢了，没有你们的大力支持、没有你们的创新服务，我们不可能完成这样一个目标！"拿到刚刚打印出来的综合验收合格证，特斯拉临港超级工厂项目部相关负责人激动地说。

 陶琳（特斯拉全球副总裁）：临港具有发展高端制造业的天然优势，尤其是新片区的蓝图规划，适合特斯拉中国这样从零开始的科技型企业；这里具有完备的产业链，有利于建设现代化的产业园区。现在我们的进度是按照小时计算的，一天不敢停歇。不但要创造特斯拉速度，更要造全世界最先进、最好的新能源车。这和新片区的高标准、高速度是相辅相成的！

在临港新片区正式揭牌后，蓄势待发的产业发展、制度创新等，让人们深深感到，上海自贸区增设新片区并不是简单地增加一片新的自贸区，而是对外开放政策的升级和制度的变革。

从功能定位上来说，和过去的自贸区不同，自贸区新片区实行了差别化定位，其建设的是更具国际市场影响力和竞争力的特殊经济功能区，不仅应秉承以往自贸区改革开放的制度创新精神，也和当年的浦东一样，必须注重创新开发的制度支持。

根据规划，新片区到2035年，区域生产总值将超过1万亿元，相当于再造一个目前的浦东新区。因此，新片区要锚定目标，聚焦定位，完善空间规划，实现集约开发，推动中国芯、创新药、智能造、蓝天梦、未来车、数据港等硬核产业集聚发展，成为首创改革、高质量发展的创业地，服务国家重点产业的发展战略，推动产业不断向价值链高端提升。

在临港新片区行政服务中心，至今已经有不少企业来到这里，见证这激动人心的一刻。汉能薄膜发电集团作为首批入驻新片区企业之一，获颁营业执照。该公司执行董事徐晓华表示，企业正在研发薄膜发电新技术，相关的高端装备零部件供应商80%分布在临港新片区及其周边地区。同时，公司计划将全球研发中心集中到临港，拥有近1 000名全球顶尖人才，临港优越的生活环境和人文环境已经让一些来"踩点"的老外们"点赞"，乐于在这里工作并安居。更让他们惊喜的是，由于公司属于移动能源的新产业，在申请注册中发现之前没有这个类别。临港新片区有关部门积极争取，在国家相关部门的支持下，为企业申请量身定制了移动能源的新产业类别，让企业得以顺利注册，这充分体现出新片区发展潜力无限。

对于刚"出生"的新片区，人们心潮澎湃，也充满期待。"对于企业而言，我们对自贸区新片区的税收政策和人才政策格外期待。"徐晓华表示，希望有更多制度创新，降低企业的运营成本，将更多资金和精力投入到研发中。同时，大量国际人才要来临港工作并居住，也急需相关配套政策让人才们"诗意地栖居"。

如果说当年的上海自贸试验区还是"摸着石头过河"，强调其作为改革开放试验田的探路作用；如今的自贸区新片区，更突出"特"字，尤其是"五大自由"成为最大亮点，意味着新片区正对标国际，向产业、贸易、金融等世界最顶尖的高峰攀升。

如果说浦东是改革开放的"闯将"，新片区堪称"闯将"中的"战将"。愿这名"战将"在高规格的赛马场上，跑出真我的风采！

虽然受到新冠疫情的影响，2020年2月16日，上海自贸试验区临港新片区的复工人员已达36 253人，而新冠肺炎确诊病例为零。2月14日，上海市人民政府发布《关于进一步加快推进上海国际金融中心建设和金融支持长三角一体化发展的意见》。该意见立足于更好发挥中国（上海）自贸试验区临港新片区金融改革创新引领作用，更好发挥上海在金融对外开放方面的先行先试作用。新冠肺炎疫情发生以来，政府坚持一手抓疫情应对，另一手抓金融改革开放，完全有信心、有能力取得防控疫情的胜利，保持经济长期稳定发展的态势。

徐佳宾（国家制造强国建设战略委员会委员）：放开外商投资比例限制的行业之前已经在自由贸易试验区的负面清单中提及，此次再度在国务院通知中明确。如取消演出经纪机构的外资股比限制，将文艺表演团体由禁止投资放宽至中方控股；在电信业务领域，将上海自贸试验区原有区域（28.8平方千米）试点政策推广至所有自贸试验区执行等。本次调整的行业集中在服务贸易领域，是较高层次的对外开放。

张建平（商务部研究院区域经济合作研究中心主任）：相关政策出台是配合外商投资法及其相关条例的施行、各个自贸试验区切实简政放权、降低外商准入条件、优化负面清单管理模式的反映。

目前，各自贸试验区的开放主要集中在高附加值的服务业和中高端制造业上，这次的法规调整将拓宽服务业的市场准入范围。其中《营业性演出管理条例》的调整则可视为自贸试验区中新的文化产业的开放内容。印刷行业过去是不允许外商独资创办的，此次调整是从国家到地方的管理条例修改，也标志着我国改革开放的进一步扩大。中国的电信行业是个巨大的市场，尤其是电信增值服务部分，早就吸引了很多国家的注意，比如在中韩自贸区谈判的过程中，韩方企业就提出过这样的要求，不过，中方认为当时开放的条件尚不具备，并未作出承诺。此次上海自贸试验区经验的推广可以视为对全球电信行业开放的信号。

（二）洋山深水港建设筑就世纪梦想

从黄浦江、长江口，到东海，寻寻觅觅，终于在距当时的南汇县芦潮港约30千米的大、小洋山,找到了离上海最近的具备15米水深的天然港址。上海与浙江联建洋山深水港,吸引了全球的目光。静谧的嵊泗洋山岛,迎来一场巨变;构筑"东方大港"的世纪梦想,在这里起航,昔日的海岛小渔村摇身一变成为了国际大海港!

2002年3月,国家正式批准了洋山深水港区建设的工程可行性报告。2002年6月26日,东海大桥打下第一根桩,标志着洋山深水港工程正式开工建设。同时,小洋山岛上的一期工程集装箱码头建设也拉开了大规模建设的序幕。

上海国际航运中心洋山深水港区于2005年12月10日正式开港,这标志着上海国际航运中心有了新的深水良港,可以敞开胸怀迎接五洲四海的巨轮。同时,也为万里长江"黄金水道"奔腾入海,装上了离"岸"之锚。洋山深水港的建设与运营是沪浙积极贯彻国家战略携手合作的成果,凝聚着成千上万的决策者、管理者、建设者、营运者等的心血和智慧。洋山,助推上海港迈入世界集装箱第一大港,激发长三角港口建设发展活力,点燃长江经济带港口城市无限激情,顺应我国"一带一路"国家战略。

2005年5月25日,双向6车道、设计时速80千米/小时的东海大桥贯通。气势恢宏的东海大桥,一手挽起洋山深水港区,一手牵着临港新城和物流园区,在茫茫东海划出32.5千米的海上长虹。东海大桥的建成,为洋山深水港提供了唯一的陆上通道,体现了当代中国的桥梁建设水平,为我国外海大桥建设积累了经验,谱写了特大型跨海桥梁建设的新篇章。

图4-14　洋山深水港一期工程施工工地以及演出会场

2006年12月10日，洋山深水港开港一周年之际，上海港双喜临门：集装箱吞吐量突破2 000万标箱、洋山港二期工程竣工启用。洋山深水港区一片欢腾喜庆，人们兴高采烈，既庆贺洋山深水港开港一周年，又庆喜上海港双喜临门，到处洋溢着无比开心快乐的氛围。

2008年12月6日，历时6年半艰苦奋战的上海国际航运中心洋山深水港主体工程全面建成，中国创下世界建港史上一个奇迹，上海初现国际航运中心雏形。洋山深水港的建成营运，促成上海港成为东北亚的枢纽港，助推了上海港在全球的地位和影响力，2010年起上海港集装箱吞吐量排名世界第一。

2008年12月15日上午10时30分，两岸海上直接通航上海航点首航仪式在上海洋山深水港举行。中海集团"新非洲"轮和中远集团"远河"轮由上海洋山深水港启程，前往台湾高雄港，标志着两岸海运直航上海至台湾实现首航。这也意味着由1979年全国人大常委会《告台湾同胞书》所倡导的两岸直接通航的主张，在两岸同胞共同努力下，终于经两岸制度化协商搭起了框架。

2013年7月19日，全球最大的18 000标箱集装箱船"马士基迈克凯尼穆勒"在洋山深水港举行了首航仪式。之后，不断刷新靠泊大船

图4-15　小岩礁东面和西面观景平台

的纪录。2017年5月22日,当时世界最大集装箱船箱量为21 413标箱的"东方香港"轮安全靠泊洋山深水港。

2017年12月10日,全球最大单体自动化智能码头和全球综合自动化程度最高的码头——洋山港四期工程码头正式启用。码头采用代表当前国际集装箱码头技术最高水平的全自动化集装箱码头建设方案,标志着中国港口行业的运营模式和技术应用迎来里程碑式的跨越升级与重大变革,为上海港加速跻身世界航运中心前列注入全新动力。

2018年12月25日,洋山深水港四期工程通过了上海市交通委组织的竣工验收。该工程于2014年12月开工建设,共建设7个集装箱泊位、码头岸线总长2 350米。码头建设废弃了原先集装箱传统人工码头作业方式,采用代表当前国际集装箱码头技术最高水平的全自动化集装箱码头建设方案,标志着中国港口建设由"建"造向"智"造挺进,建造技术始终处于世界前沿。

(三)陆家嘴金融中心再创佳绩

上海中心所在的银城路从前只是一条名叫烂泥渡路的小道,周围是密布的弄堂和棚户区。30年前,陆家嘴的人口只有4.98万人,如今,这里仅金融从业者就有50万人之多。随着改革的不断深入,金融业从无序到有序,许多开放举措超出了人们的期待,不是可不可以为,而是追求更便利、更自由。陆家嘴金融区位于上海浦东陆家嘴地区,是1990年开发开放浦东后,在上海浦东设立的中国唯一以"金融贸易"命名的国家级开发区,占地28平方千米,其中规划开发地区为6.8平方千米。20世纪90年代开发浦东后,陆家嘴金融区成为上海知名度最高的地名之一。

陆家嘴金融区与20世纪30年代就拥有"远东华尔街"之誉的外滩隔江相望,目前已聚集8家国家级要素市场、435家中外金融机构、70多家跨国公司地区总部和5 000多家贸易、投资和中介服务机构,其区域流量经济总量和GDP贡献值在全国国家级开发区名列第一,证券市场交易额等单项指标已超过中国香港中环和新加坡中心区,位列全球前三。

图4-16　上海陆家嘴金融中心

　　陆家嘴金融区依照以滨江绿地＋中央绿地＋沿发展轴线带的旷地系统作为结构布局的基本要求，主要是重点塑造滨江大道，该大道规划全长为2 500米，在滨江大道和滨江绿地中，东方明珠电视塔建设工程于1994年10月竣工。沿滨江大道绿地及中心区规划出一块10公顷的中央绿地，该绿地是小陆家嘴地区环境景观的一个中心点，是体现陆家嘴中心区21世纪环境形态的主要标志。沿发展轴线带的建设主要指贯穿陆家嘴中心区的世纪大道的开发绿化，它的开发的主要意义是起到浦东开发总体样板作用和带动作用。其一期工程已基本完成，二期工程主要在一期工程的基础上向东方路地段扩展建设。

　　2021年8月，《自贸试验区陆家嘴片区发展"十四五"规划》正式发布。规划提出，打造全球人民币金融资产配置中心。到2025年，预计累计集聚各类金融机构突破10 000家，持牌类金融机构突破1 000家。打造世界级总部功能集聚高地。到2025年，跨国公司地区总部数量实现翻番，达到200家，占全市比重达20%左右。吸引更多具有亚太区和全球功能的高能级总部，打造面向全球、运作全球和配置全球的世界级总部功能集聚高地。

五、打造五大新城，上海再谋商业发展新篇章

《上海市国民经济和社会发展第十四个五年规划和二〇三五年远景目标纲要》提出，大力实施新城发展战略，把嘉定、青浦、松江、奉贤、南汇五大新城建设为长三角城市群中具有辐射带动作用的独立综合性节点城市。2021年上半年，《关于本市"十四五"加快推进新城规划建设工作的实施意见》以及五大新城各自的"十四五"规划建设行动方案相继发布，"五大新城"成为上海"十四五"时期发展重点。

（一）五大新城战略的内涵

1. 首提"独立"，定位独立综合性节点城市

对于新城的定位，《上海市国民经济和社会发展第十三个五年规划纲要》就提出"将松江新城、嘉定新城、青浦新城、南桥新城、南汇新城打造成为长三角城市群综合性节点城市"，《上海市城市总体规划（2017—2035年）》也提到"突出新城的综合性节点城市功能"，可见，综合性、节点城市都是延续之前的提法，而独立性是"十四五"规划首次提出。

新城的综合性主要是指居住、工作、配套和出行等方面的基本功能是否齐全，是入门级的齐全而非高要求的齐全。一般来说，过去的郊区大多有居住无就业，工业园区有工作无生活，都是属于非综合性的表现。

新城的独立性是指五个新城就是五个独立的城市，是与中心城区

并驾齐驱的城市，不再依附于主城区的发展，而是具有一定规模（包括经济规模、人口规模），功能相对完善。独立不仅是居住和就业上的，更主要是基础教育和基础医疗上的。

节点是相对网络而言的，节点城市根植于城市网络体系。从节点层级看，五大新城定位于上海大都市圈城市网络体系中的次区域节点城市。上海大都市圈城市网络中的综合性节点城市主要有3个层级：第一层级是全球性节点城市，即上海中心城区；第二层级是区域性节点城市，主要是苏州、宁波、南通等中心城市；第三层级是次区域性节点城市，主要是昆山、太仓、常熟等城市。五大新城在总体上应属于第三层级的综合性节点城市，但在某些专业性城市功能上可打造成为区域性节点城市。从辐射通道看，五大新城分别对应上海5条对外通道和经济走廊，着力构筑各通道上的枢纽节点。经济走廊是节点城市发挥辐射带动作用的基础和依托，一般以交通通道为支撑。五大新城根据各自的地理位置，分别依托相应的交通通道，打造特定的经济走廊，形成各自的辐射范围。例如，松江新城依托G60科创走廊，主要辐射杭州湾北岸的嘉兴、湖州地区等；南汇新城依托海港空港和跨海交通走廊，主要辐射舟山、宁波地区和连接全球市场。

2. 吸引外来人口，中长期集聚百万人

《关于本市"十四五"加快推进新城规划建设工作的实施意见》提出到2035年，5个新城各集聚100万左右常住人口，到2025年，5个新城常住人口总规模达到360万左右。根据新城"十四五"规划建设行动方案，各新城规划到2025年的常住人口为55万—95万人，新城近中期人口目标存在较大的差异。从现状来看，新城人口均不足50万人，5个新城（2015年）常住人口总规模约228万人，距离2025年目标还有132万人的缺口。

新城的人口来源主要有三类：第一类是本地区的农村人口向城市集中；第二类是主城区人口向新城疏解，其中有一部分是在动迁人口；第三类是从外地来上海打拼的新上海人群体。根据最新的第七次全国人口普查数据，上海四大郊区（松江、青浦、奉贤、嘉定）常住人口总数占全市人口的比重为24.8%，而第五次普查、第六次普查时这一比重分

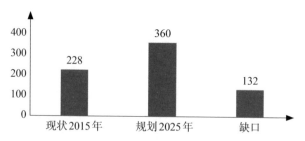

图4-17　五大新城现状和规划常住人口（单位：万人）

数据来源：《关于本市"十四五"加快推进新城规划建设工作的实施意见》《上海市城市总体规划（2017—2035年）》、易居研究院。

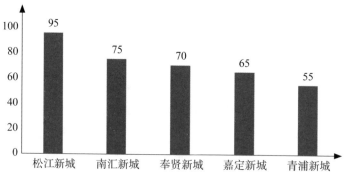

图4-18　五大新城规划到2025年常住人口（单位：万人）

数据来源：各新城"十四五"规划建设行动方案、易居研究院。

别为15.5%、22.7%，可见2000—2010年这十年是主城区人口向新城疏解最重要的阶段，而这一时期上海重点推进郊区新城的建设，近十年新城疏解主城区人口的效果正在逐步减弱。

新城未来将着重吸引外来人口。根据国际经验，东京都市圈人口最为集中的地带是50千米圈层范围内。1990年，东京都人口密度远高于周边区域，空间分布呈现显著的"孤岛状"，伴随外围新城的建设、交通设施的改善以及产业的空间扩散，人口开始不断向周边区域集聚。从规模占比来看，1960年50千米半径范围内人口规模为1 578.8万人，占东京都市圈总人口的88.4%，到2015年这一范围内的人口规模达到3 333.5万人，占比提升至92.3%。五大新城位于上海都市圈第一圈层范围内（约30千米），随着上海新城与长三角城市交通联系的加强，新城人才政策的放开以及公共服务配套设施的完善,新城的人才吸引力将大大增强,上海都市圈人口有望进一步集聚。

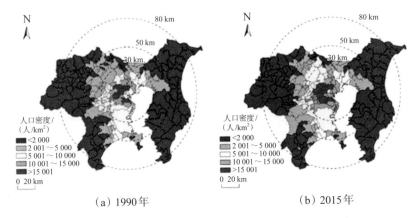

（a）1990年 （b）2015年

图4-19 1990年和2015年东京都市圈人口密度空间分布

资料来源:东京都市圈人口变迁与产业重构特征研究。

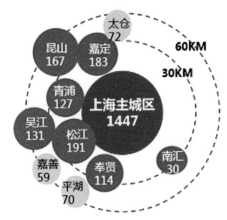

图4-20 上海都市圈现状常住人口布局示意图(单位:万人)

3.发展优势产业,集聚强化特色功能

新城要成为独立的综合性节点城市,必须在产业和功能上形成各自的特色,立足于服务发挥"四大功能"和建设"五个中心"大局。

松江新城可以依托相对完备的产业体系(聚焦人工智能、集成电路、生物医药、智慧安防、新能源、新材料等"6+X"战略性新兴产业)、

G60科技创新走廊和大学城资源,以科教和双创为动力,建成集产业、科技、文化、旅游于一体,具有综合性功能特色的节点城市。

嘉定新城汽车产业集聚程度很高,2019年汽车产业产值占全区规模以上工业产值比重达到71.3%,因此嘉定新城应强化沪宁发展轴上的枢纽节点作用,依托雄厚的汽车工业基础、丰富的智能应用场景和新经济优势,强化产业集聚和价值链延伸,建成以智能汽车和新经济为特色的节点城市,构筑科技创新高地。

南汇新城应充分利用临港新片区的政策优势,构建集成电路、人工智能、生物医药、航空航天等"7+5+4"面向未来的创新产业体系,加快打造更具国际市场影响力和竞争力的特殊经济功能区。

青浦新城应承接支撑虹桥国际开放枢纽和长三角生态绿色一体化发展示范区重大功能,积极发展数字经济,形成创新研发、会展商贸、旅游休闲等具有竞争力的绿色产业体系。

奉贤新城的"东方美谷"已成为产业名片和城市名片,应依托"东方美谷"产业集群和浙江实力雄厚的民营经济,夯实对接浙江的门户地位,打响"东方美谷"品牌,打造国际美丽健康产业策源地。

4. 完善交通网络,打造综合交通枢纽

广泛的交通联系和区域交通枢纽地位是构筑城市节点功能的重要保障。《关于本市"十四五"加快推进新城规划建设工作的实施意见》提出新城形成支撑"30、45、60"出行目标的综合交通体系基本框架,即30分钟实现内部通勤及联系周边中心镇,45分钟到达近沪城市、中心城和相邻新城,60分钟衔接国际级枢纽。"十四五"期间,将加快建设安亭枢纽、青浦新城枢纽、松江枢纽、奉贤新城枢纽,完善四团枢纽功能,实现新城内外交通的便捷高效换乘。

目前,五大新城对外联系主要以国道公路干线为主,连接长三角的对外交通特别是轨道交通较为薄弱,尚无一条城际快线,区域交通枢纽地位尚未形成。当前,周边的邻沪城市,基本都有综合性交通枢纽,但五大新城中仅有松江新城设有高铁站,其他四城均无高铁或城际轨道站点。松江新城其日停靠车次和年旅客发送量约为60车次/日,193万人次/年,既低于同处于沪杭线上的嘉善县(68车次/日,292万人次/

年），更远低于同等人口规模的昆山市（220车次/日，1 185万人次/年）。同时，新城与新城之间交通联系薄弱，特别是缺乏将各新城串联起来的环状轨道交通线路，使得新城无法成为枢纽型交通节点。

2020年12月国家发改委等推出的《关于推动都市圈市域（郊）铁路加快发展的意见》明确提出，要加快推进都市圈市域（郊）铁路建设。上海市城市轨道交通第三期建设规划（2018—2023年）显示，建设机场联络线、嘉闵线、崇明线3条市域铁路，目前机场联络线已开工建设，嘉闵线已于2021年6月开工，届时将形成"一纵一横"的市域（郊）铁路骨架，将新城纳入交通网络中来。

5. 升级公共服务，实现生态宜居新城

高品质的公共服务供给是新城宜居宜业的有力保障，也是新城成为独立节点城市的必要条件。新城将规划一批服务新城、辐射区域、特色明显的教育、医疗、文化、体育等高能级设施和优质资源，形成保障有力的多样化住房供应体系，基本实现普惠性公共服务优质均衡布局，使15分钟社区生活圈功能更加完备。医疗方面，每个新城至少设置1家三级甲等综合医院、1家区域性医疗中心和1家中医医疗机构；教育方面，市示范性学区集团数至少大于一家；住房方面，新城要完善多元化的住房供应体系，加快商品住房建设和供应，增加保障性租赁住房供应量和比重。以南汇新城为例，"十四五"时期，南汇新城新增规划住房建筑总量约1 600万平方米，新增各类住房约20万套，较"十三五"增加约220%。嘉定新城规划到2025年，新增住房供应350万平方米，约3.5万套。未来新城的人居环境质量也将不断优化，形成优于中心城的蓝绿交织、开放贯通的"大生态"格局，确立绿色低碳、数字智慧、安全韧性的空间治理新模式，新城精细化管理水平和现代化治理能力也将全面提升。

（二）五大新城战略的作用

1. 更好服务长三角一体化的重要举措

长三角在国家新发展格局中具有特殊地位，承担着突出重围和引领增长的战略使命。五大新城地处上海市域，连接上海周边城市，是上海辐射带动长三角城市群的重要支撑点。城市的经济和人口规模是决定其辐射力和影响力的重要基础,目前,五大新城无论是经济规模还是人口规模,与周边城市相比落差明显。从经济规模看,2019年青浦新城完成GDP约413亿元,仅为太仓的31%、昆山的10%;松江2019年全区GDP也仅为昆山的39%。从人口规模看,目前新城人口规模均低于50万人(青浦新城45万人、嘉定新城48.6万人、南汇新城30.7万人),远低于周边城市人口规模(太仓72万人、昆山167万人)。因此,综合实力不够,难以形成生产力,难以辐射长三角城市群。上海引领长三角一体化高质量发展,要求新城发展不再作为中心城区的依附,而应具有独立性,成为能独立与上海周边城市进行流量交互、协同发展的战略新空间。

2. 化解上海人口和产业分布不平衡

把五大新城打造成为独立综合性节点城市是化解上海人口和产业分布不平衡、拓展上海发展空间、培育新增长极的战略需要。产业和人口向优势区域集中是客观经济规律,但城市单体规模不能无限扩张。上海核心圈层(内环内)人口密度在每平方千米2.99万人,而东京仅有1.18万人;中心圈层(外环内)人口密度与东京相近,大于纽约;外围圈层(市域)人口密度小于东京。相比而言,上海中心城人口集聚度很

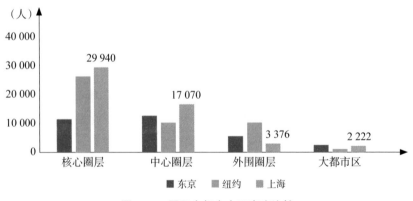

图4-21　国际大都市人口密度比较

数据说明:核心圈层(半径≤5 KM),中心圈层(半径≤20 KM),外围圈层(行政市域辖区),上海大都市圈指上海市域及近沪地区。

数据来源:《上海市城市总体规划(2017—2035年)》。

高，而市域范围内人口密度较低，五大新城的常住人口密度平均约为0.6万人/平方千米。长期来看，上海需要逐步解决中心城区人口和功能过密问题，全面提升城市能级和核心竞争力，亟待培育新增长极。当前，五大新城正处于加速发展期。立足较好的城市建设基础、相对充沛的开发空间，将五大新城打造成为独立的综合性节点城市，将有助于营造上海城市发展的新动力，构筑上海发展新优势。

3. 有助于新城自身的不断迭代升级

上海新城建设进入3.0阶段，自身需要不断迭代升级。上海新城建设经历了3个发展阶段：1.0阶段是建设"卫星城"，主要目的是疏解中心城区人口，扮演"卧城"角色，但也导致了人口流动的"钟摆现象"，带来了巨大的交通压力。2.0阶段是建设"郊区新城"，主要目的在于解决职住平衡的基础上，打造相对独立、功能完善、各具特色的中等规模城市，构建"反磁力中心"，培育新增长点，松江新城是市级层面明确的第一个集中建设的郊区新城。但由于全市建设重心仍在中心城区，新城建设成效与目标要求仍有一定差距。当前上海新城建设进入了3.0阶段，即"都市圈新城"，以打造"独立的综合性节点城市"为目标，新时代经济高质量发展和长三角一体化的宏观战略背景赋予了新城建设新的历史使命和要求。都市圈新城的建设要求除了要实现过去提的产城融合以外，还要实现功能完备、职住平衡、生态宜居、交通便利、治理高效等多重要求。

六、推进长三角商业一体化发展，乘风破浪向未来

2020年8月20日，习近平总书记在扎实推进长三角一体化发展座谈会上强调，要深刻认识长三角区域在国家经济社会发展中的地位和作用，结合长三角一体化发展面临的新形势新要求，坚持目标导向、问题导向相统一，紧扣一体化和高质量两个关键词抓好重点工作，真抓实干、埋头苦干，推动长三角一体化发展不断取得成效。

（一）一体化发展，率先形成发展新格局

2021年5月17日，地处皖东南的安徽郎溪县，芜申运河上，定埠港的大型吊机将一卷卷钢缆吊至船上，作业正忙。"原来就是个小渡口，现在已经有4个千吨级的泊位了！"看着船舶进出，安徽省定埠港国际物流有限公司总经理赵鹏难掩激动。

港口周边，上海白茅岭农场，江苏溧阳、宜兴，浙江长兴、安吉，安徽郎溪、广德，"一地六县"交会。依靠区位优势，定埠港2019年6月开港，不到两年已实现吞吐量670万吨，二期建成后，年吞吐量将达1 500万吨。

定埠港的建设与发展，背后是长三角高等级航道网络建设的一体化推进。2018年底，交通运输部与上海市、江苏省、浙江省、安徽省政府联合印发《关于协同推进长三角港航一体化发展六大行动方案》，积极推进内河航道网络化、区域港口一体化、运输船舶标准化、绿色发展协同化、信息资源共享化、航运中心建设联动化，长三角水运动脉愈

发畅通。

安徽、江苏共同疏浚芜申运河，让皖东南地区到上海的水运距离缩短100多千米，也让郎溪这样相对欠发达地区"筑巢引凤"的底气更足——郎溪经济开发区427家工业企业里，91.7%来自沪苏浙，2021年一季度实现战略新兴产业产值33.6亿元，同比增长46.3%；高新技术企业产值40.2亿元，同比增长44.1%。

在扎实推进长三角一体化发展座谈会上，习近平总书记指出，长三角区域要发挥人才富集、科技水平高、制造业发达、产业链供应链相对完备和市场潜力大等诸多优势，积极探索形成新发展格局的路径。

2021年"五一"小长假，正值第二届上海"五五购物节"启幕，5天时间，上海线下消费196.5亿元，同比增长30.4%。同时，上海"大商埠"的作用也向更大范围辐射。"总部在沪的国际国内、线上线下商业企业，在长三角乃至全国范围内同步举办'五五购物节'活动。"上海市商务委副主任刘敏说。

上海"十四五"规划重点打造嘉定、松江、青浦、奉贤和南汇等5个新城，建设长三角城市群中的综合性节点城市。上海青浦与苏州吴江、浙江嘉善共同策划"夜游长三角，古镇不眠夜"；上海奉贤联合杭州、南京开展长三角区域联动消费；上海嘉定举办长三角马术青少年联赛、长三角围棋邀请赛、长三角陆上划船器比赛。旺盛的消费需求、畅通的市场渠道，让长三角企业迅速融入新发展格局，在国内国外两个市场中壮大自己。

（二）一体化发展，夯实基础

2020年底，上海公布《关于全面推进上海城市数字化转型的意见》。《浙江省数字经济促进条例》于2021年3月开始实施。此前，江苏也发布了《关于深入推进数字经济发展的意见》。各地新规在部署本地经济社会数字化转型的同时，均提出要落实长三角区域一体化国家战略，加强数字经济跨区域合作。三省一市市场监管部门共同签订合作协议，加强反垄断执法协作、统一应用电子营业执照、共推绿色产品认证合作。三省一市公安机关整合人口数据资源，实现"一地受理、网上迁移"。

（三）高质量推进，勇当商业科技和产业创新的开路先锋

2021年5月14日，上海张江，一个激动人心的消息从中国科学院上海高等研究院传出：我国首台X射线自由电子激光用户装置实现2.0纳米波长自由电子激光放大出光，达到设计目标波长。这标志着我国在软X射线自由电子激光研制方面已步入国际先进行列。

此前一周，在安徽合肥，中国科学技术大学成功研制目前国际上超导量子比特数量最多的量子计算原型机"祖冲之号"，操纵的超导量子比特达到62个，并在此基础上实现了可编程的二维量子行走，相关研究成果在国际权威学术期刊《科学》上发表。

在扎实推进长三角一体化发展座谈会上，习近平总书记指出，当前，新一轮科技革命和产业变革加速演变，更加凸显了加快提高我国科技创新能力的紧迫性。上海和长三角区域不仅要提供优质产品，更要提供高水平科技供给，支撑全国高质量发展。

全国4个综合性国家科学中心，长三角有其二，即张江、合肥。承担提供高水平科技供给的重任，勇当我国科技和产业创新的开路先锋，长三角责无旁贷。

截至2020年底，张江已集聚330家国家级研发机构、14个国家重大科技基础设施。基础研究和关键核心技术领域取得了一批标志性成果，墨子号、黑洞照片、超强超短激光等科学新发现、新发明不断涌现，C919首飞成功，超导、石墨烯等关键技术取得突破，2020年上海科学家在《科学》《自然》《细胞》等全球顶尖期刊发表论文数占全国的32%。

"基础研究是整个科学技术体系的源头，也是突破关键核心技术问题的根源所在。"上海科委主任张全说，要深入推进长三角科技创新共同体建设，深化国内科技合作，健全共享合作机制，提升科技供给质量和水平，推动优质科技资源和科技成果普惠共享。

高标准规划，高质量推进，让长三角勇当我国科技和产业创新的开路先锋的底气越来越足。2020年6月，沪苏浙皖三省一市科技部门签署《共同创建长三角国家技术创新中心的框架协议》，共同筹建长三角

国家技术创新中心,打造支撑长三角科技创新共同体建设的引领性平台,被写进了上海市、安徽省2021年政府工作报告。

2021年1月,沪苏浙皖科技主管部门等联合发布《关于开展长三角科技创新券通用通兑试点的通知》,上海市青浦区、江苏省苏州市吴江区、浙江省嘉善县、安徽省马鞍山市参与试点。长三角科技创新券通用通兑试点平台于2021年4月1日测试上线,如今资源池里已有458家服务机构的8 955项服务项目、24 022台套大型科学仪器等科技资源。一个多月里,已有109家企业注册通用通兑平台,27家单位申请科技创新券,发券金额1 060万元。

(四) 凝聚合力,加快打造改革开放新高地

2021年2月,苏州市吴江区的华德电子有限公司派代表到上海青浦,为公司马来西亚籍员工翁文星领取了上海市海外人才居住证。这意味着,在吴江工作的他以后能够享受到上海的一系列海外人才政策。

吴江、青浦和嘉善,共同组成了长三角生态绿色一体化发展示范区,自2019年11月揭牌以来,这2 413平方千米成为长三角一体化制度创新"试验田"。针对人才跨域流动需求旺盛,跨省域人才资质认定标准各异,示范区出台《外国高端人才工作许可互认实施方案》,同时联合上海市人社部门修订《上海市海外人才居住证管理办法》,明确吴江、嘉善的海外人才视同上海海外人才,享受相关便利服务。

"打破行政隶属,是为了让市场要素更好地自由流动起来。"长三角生态绿色一体化发展示范区执委会副主任、上海市发改委副主任张忠伟说,一年多来,紧紧围绕一体化制度创新,示范区已经形成了32项具有开创性的制度创新成果。

在扎实推进长三角一体化发展座谈会上,习近平总书记指出,长三角区域一直是改革开放前沿。要对标国际一流标准改善营商环境,以开放、服务、创新、高效的发展环境吸引海内外人才和企业安家落户,推动贸易和投资便利化,努力成为联通国际市场和国内市场的重要桥梁。

2021年2月,国务院批复《虹桥国际开放枢纽建设总体方案》。该方案明确提出,要依托虹桥商务区推动高端商务、会展、交通功能深度

图 4-22　黄浦江

融合,深化"放管服"改革,加快打造法治化市场化国际化营商环境,加快发展现代化服务业,持续深化长三角协同开放,引领长三角更好参与国际合作与竞争。

2021年5月,长三角自由贸易试验区联盟在上海成立。根据计划,联盟成立后,将以市场需求为导向,立足长三角资本市场服务基地、长三角国际贸易"单一窗口"等现有功能性平台资源,做强、做优贸易便利化、投资便利化、金融创新、跨境研发等服务功能,合力推进更高水平的制度创新,营造更优的营商环境,进一步深化沪苏浙皖四地自贸区的联动发展。

结　语

黄浦江，上海的母亲河，在一个多世纪的岁月流淌中，不知迎来送往了多少来去匆匆的商人。从盛宣怀到哈同，从黄楚九到郭琳爽，一代代商人以他们对商业的理解和情怀，在这个广阔无形的舞台上，书写着他们个人以及上海商业的传奇。虽然他们中的很多人早已成为历史的尘埃，但还是给我们留下了让人无限回味和遐想的空间。

回顾100多年的发展历程，上海商业不仅是规模呈几何式增长，商业格局也在不断扩大，不断丰富、便利着市民的生活，更成为经济社会发展的"压舱石"。

自改革开放以来，上海商业升级转型突飞猛进。上海全面开放本地市场，培育各类商业新业态、新模式，积极发展电子商务，建设和完善各类市场，向世界展示了一个国际化、现代化的上海商业。

近百年来，是商业造就了上海这座城市，如今商业也将引领这座城市走向更加广阔的未来。

主要参考文献

[1] 陈秋玲.世博会与浦东商业新一轮发展战略[J].上海大学学报（社会科学版）,2004(2).

[2] 第一财经.国货老字号全新出发,上海家化的创新之路[EB/OL].https://www.sohu.com/a/334307193_391478,2019-08-16.

[3] 耿洁玉.让人惊叹的"商标博物馆"[N].徐汇报,2012(7).

[4] 韩思捷.新中国成立初期上海市供销合作总社研究(1949—1956)[D].上海师范大学硕士学位论文,2021.

[5] 何欣荣.中国（上海）自由贸易试验区临港新片区正式揭牌[EB/OL].https://baijiahao.baidu.com/s?id=1642374536590109948&wfr=spider&for=pc.

[6] 虹口新闻.挖掘老建筑历史底蕴　打造一条黄浦江边"特色商业街"[EB/OL].http://www.shhk.gov.cn/shhk/xwzx/20090721/002003_05ab0a79-60d1-431d-ad74-338759a079df.htm.

[7] 洪波.上海外滩陆家嘴金融区[EB/OL].https://www.meipian.cn/1p5c222i,2018-10-27/2020-11-02.

[8] 宦艳红.上海中信泰富不关门：同时升级改造的还有梅龙镇和恒隆[EB/OL].https://baike.baidu.com/reference/2776078/9ea8-7wu8ZwO0BfRNc2y43IX5yfxSVmyqoZV2zso5Sz7JNPqY26BJLbv4asRjO3mi1UbFn5Bz6sRDMTMgzZ-Rx_AEzzzDNFB9zfx8LMXeQ,2016-09-20/2020-11-02.

［9］瞿思杰.光明食品集团：让老品牌历久弥新［EB/OL］. http://
epaper.gmw.cn/gmrb/html/2015-06/09/nw. D110000gmrb_20150609_
9-11.htm?div=-1.

［10］李光斗观察.远东第一首富——哈同［EB/OL］.https://cj.sina.
com.cn/article/detail/1211397734/140478,2017-1-5.

［11］林思奇.上海"上剧场"的品牌建设与营销模式［A］.厦门理工
学院文化产业与旅游学院,2019(11).

［12］马咏蕾.品味百年：沪上食品老字号商标设计［M］.上海锦绣文
章出版社,2013.

［13］苗生.解放初大上海的银币之战［J］.春秋,1999(5).

［14］沈嘉禄.中华第一街的文化使命［J］.新民周刊,2019(47).

［15］宋宁华.中国(上海)自由贸易试验区临港新片区要成为"闯将"
中的"战将"［EB/OL］. https://baijiahao.baidu.com/s?id=16423596
16832575235&wfr=spider&for=pc.

［16］宋欣哲.开港十年,洋山港的发展历程［EB/OL］. http://www.
cn156.com/article-62730-1.html.

［17］孙行之.昔日棚户区今日陆家嘴,记录上海建设国际金融中心的
42年［EB/OL］. https://www.yicai.com/news/100863694.html.

［18］王道军.上海家化的多品牌战略［EB/OL］. http://finance.sina.
com.cn/leadership/mroll/20101231/17239194196.shtml, 2010-12-
31/2020-11-02.

［19］王洪禹.中国(上海)自由贸易试验区临港新片区启动强化竞争政
策实施试点［EB/OL］. https://baike.baidu.com/reference/7272881/9c
51o79vJSt0k99xmn-QbydWh_Y4RJKoI3Kx5b6AFMWwLFxkQ5M_
cm-Vb4qyNYIuW1xBJKOzRo78UsitVeDJAEzpL_
WuabYbaGQCeIZF2-3jJg_MJDZQjP8b7kDtchVpcvOI, 2020-09-
02/2020-11-02.

［20］宋薇萍.上海陆家嘴"十四五"规划：打造全球人民币金融资产配
置中心与世界级总部功能集聚高地[EB/OL]. https://finance.sina.
com.cn/china/gncj/2021-08-12/doc-ikqcfncc2408255.shtml.

［21］熊月之.晚清上海与中西文化交流［J］.档案春秋,2000(1).

［22］杨济诗,孙霞琴.打造世界级商业街的现在进行时——聚焦南京路淮海路打造世界级商业街之路［J］.上海企业,2012(8).

［23］杨泽世.光明食品集团组织架构调整［EB/OL］.https://baijiahao.baidu.com/s?id=1674337683485548668&wfr=spider&for=pc.

［24］杨志霖.城市超市:上海商业的典范——上海城市超市有限公司崔轶雄总裁采访记［J］.上海商业,2016(1).

［25］易居研究院.上海五大新城战略的内涵［EB/OL］.https://www.sohu.com/a/474635651_100258418.

［26］张泽炎.上海家化上半年收入近40亿　佰草集复苏之路仍待破局［EB/OL］.https://www.sohu.com/a/334024659_114988,2019-08-15.

［27］张卓元.新中国经济学史纲(1949—2011)［M］.中国社会科学文献出版社,2015.

［28］赵懿,辛逸."民主评议"与上海私营工商业社会主义改造［J］.上海经济研究,2020(8).

［29］中共党史和文献研究院.改革开放四十年大事记［M］.人民出版社,2018.

［30］中国商务新闻网.疫情之下　自贸试验区发展不停步［EB/OL］.https://baijiahao.baidu.com/s?id=1658854896634032941&wfr=spider&for=pc.

［31］周勇.从城市超市寻觅中国零售的"恒生态"［J］.上海商学院学报,2014(6).

［32］朱国栋,刘红.百年沪商［M］.上海财经大学出版社,2010.

［33］朱国栋,王国章.上海商业史［M］.上海财经大学出版社,1999.

［34］朱连庆,金晓辉.定位与品牌——美罗城的成功之道［J］.上海商业,2008(5).

图书在版编目(CIP)数据

上海商业百年/刘红主编. —上海:复旦大学出版社,2022.1
(上海百年系列)
ISBN 978-7-309-15980-6

Ⅰ.①上… Ⅱ.①刘… Ⅲ.①商业史-上海-近代 Ⅳ.①F729.6

中国版本图书馆 CIP 数据核字(2021)第 215538 号

上海商业百年
SHANGHAI SHANGYE BAINIAN
刘 红 主编
责任编辑/鲍雯妍

复旦大学出版社有限公司出版发行
上海市国权路 579 号 邮编:200433
网址:fupnet@ fudanpress. com http://www. fudanpress. com
门市零售:86-21-65102580 团体订购:86-21-65104505
出版部电话:86-21-65642845
上海盛通时代印刷有限公司

开本 787×960 1/16 印张 13 字数 187 千
2022 年 1 月第 1 版第 1 次印刷

ISBN 978-7-309-15980-6/F · 2840
定价:88.00 元